Carolina Hernandez Cufré

# Prosumidores de información periodística en tiempos 2.0

Carolina Hernandez Cufré

# Prosumidores de información periodística en tiempos 2.0

Editorial Redactum

**Imprint**
Any brand names and product names mentioned in this book are subject to trademark, brand or patent protection and are trademarks or registered trademarks of their respective holders. The use of brand names, product names, common names, trade names, product descriptions etc. even without a particular marking in this work is in no way to be construed to mean that such names may be regarded as unrestricted in respect of trademark and brand protection legislation and could thus be used by anyone.

Cover image: www.ingimage.com

Publisher:
Éditions universitaires européennes
is a trademark of
International Book Market Service Ltd., member of OmniScriptum Publishing Group
17 Meldrum Street, Beau Bassin 71504, Mauritius

Printed at: see last page
**ISBN: 978-620-2-48504-3**

Zugl. / Aprobado por: Argentina, Universidad Nacional de La Plata, Tesis de Grado, 2012

Tesis de Grado
Periodismo participado:
Prosumidores de información periodística
en tiempos 2.0
Hernández Carolina
Facultad de Periodismo y Comunicación social

## *Para leer esta tesis*

*Este trabajo es para ser leído idealmente en su versión digital que encontrará en el pen drive que acompaña esta presentación, ya que contiene una secuencia de enlaces virtuales que permiten un oportuno seguimiento de la temática abordada.*
*No obstante, el valor de esta entrega papel, es que podrá convertirse en prosumidor y ser capaz de intervenirla, si desea, en los espacios de interacción.*

**Director**
*Rodrigo Aramendi*
**Codirectora**
*Natalia Ferrante*

**Programa**
*Comunicación y sociedad de la información*

**Palabras clave**
*prosumidores - periodismo participado*
*información periodística - internet 2.0*
*ubicuidad - redes sociales*

## *¿A quién agradezco?*

*A Rodrigo Aramendi y Natalia Ferrante por la constante predisposición y la buena energía que siempre le brindaron a esta tesis.*

*A Constanza Marangoni por hacer que las ideas se vuelvan imágenes.*

*Y a toda mi familia por lo aportado para que llegue esta instancia y todas las que vendrán con el tiempo…*

*¡Infinitas Gracias!*

# Contenidos

## 1. Introducción

1.1. Nuevas tecnologías: Nuevos públicos y alcances 9
1.2 Capacidad de prosumir en el mundo 2.0 13
1.3 Medios de periodismo participado. Casos de estudio 16

## 2. Instancia de producción

Letra Compartida 21
Mendoza Opina 26
Ziudad.es 29
Bottup 33
2.1. Puntos de encuentro y diferencias entre los sitios analizados 37

## 3. Instancia de emisión

3.1. Prosumidores de información periodística y sus tipos 41
3.2. Posibles categorías de análisis 43
3.3. ¿De qué están hablando? 51

## 4. Instancia de circulación

4.1. Redes 58
Twitter 58
Facebook 59
Google + 60
Menéame 61
4.2. ¿Para qué sirven? 62

5. Análisis y proposiciones finales

5.1. ¿Qué producen? 68

5.2. Tres casos de cobertura y creación colectiva 70

Atentados en el subterráneo de Londres 70

Our life in the D 71

#Yo soy 132 72

5.3. ¿Y el periodismo? 75

5.3.1. ¿Nuevas definiciones? 77

5.3.2. Construir la credibilidad 80

5.3.3. Legalidad: fuentes, contenidos e información 82

6. Planteos finales 86

7. Bibliografía y material consultado 92

8. Anexos

8.1. Cuadro cobertura y seguimiento de notas publicadas 97

8.2. Storify 103

1. Introducción

Cada vez que surge una nueva herramienta tecnológica, las prácticas y los usos de la sociedad se modifican, y con ellas cambian los modos de ver el mundo y las maneras de intervenir en él. Hoy, los seres humanos, habitantes del mundo urbanizado, además de ansiar el amor, la felicidad, el dinero, o el poder, equiparan esos deseos con el de estar comunicados en línea, conectados **de manera ubicua: a cada momento, con todos, desde todas partes.**

Se estima[1] que en un día se consume la suficiente información para llenar más de 168 millones de DVDs, se escriben 2 millones de posts en blogs que llenarían revistas Time por 770 años, se actualizan 532 millones de estados en redes sociales y se suben a *YouTube*[2] 864 mil horas de vídeo. Jamás ha habido tanta información disponible como ahora, y en ningún momento de la historia los humanos la han consumido de manera tan simultánea como en la actualidad.

Por eso, en esta tesis fue de interés estudiar a los nuevos actores que, **servidos del avance de cada vez más herramientas tecnológicas**, construyen inteligencia colectiva a la hora de **producir, emitir y circular** específicamente **información con valor periodístico.** En este marco, se analizó la avanzada del periodismo participado en donde los ciudadanos juegan un papel activo en el proceso de colectar, reportar, analizar, producir y diseminar información periodística. Ante ello, se preguntó acerca de la implicancia que tiene este fenómeno comunicacional a la hora de pensar la figura y rol del periodismo profesional en la actualidad.

De ahora en adelante deberá entenderse por **información periodística** en su sentido más amplio al **resultado de la búsqueda, producción, transmisión y recepción de mensajes de actualidad y de interés general, a través de cualquier medio de comunicación.** Ésta puede especializarse en distintos terrenos de los cuales surgen las diferentes tipologías existentes: política, economía, cultura, sociedad, entre otras. Además debe contar con algún sesgo de los siguientes factores: impacto, proximidad, pertinencia e importancia.

Esta información puede tener tres diferentes alcances en cuanto a interés, accesos y niveles de interacción pública. Para definirlos se pueden retomar las clasificaciones que utiliza el Antropólogo *Néstor García Canclini* en su libro *"Cultura y comunicación: entre lo global y lo local"*[3]:

En primera instancia indica que existe una

[1] Mba Online. Estudio "Un día en Internet" Consulta: 7 de agosto de 2012 Disponible en: http://www.mbaonline.com/a-day-in-the-internet/

[2] Es un sitio web en el cual los usuarios pueden subir, compartir, comentar y valorar vídeos de toda índole.

[3] **GARCIA CANCLINI, Néstor.** "Zonas de indecisión entre lo público y lo privado" en Cultura y comunicación: entre lo global y lo local. La Plata, Ediciones de Periodismo y Comunicación, 1997.

**"esfera micropública"** en donde interactúan decenas, centenares o miles de participantes, como pueden ser las agrupaciones vecinales que se desempeñan en una ciudad o región con, por ejemplo, una publicación en reclamo a un municipio.

Luego la **"esfera mesopública"** es aquella que comprende a millones de personas en interacción a nivel Estado-Nación mediados por diarios, radios y cadenas televisivas de alcance nacional.

Finalmente, la **"macropública"** que engloba a cientos de millones y hasta billones de personas involucradas con medios de alcance masivo como las agencia de noticias internacionales, las coproducciones de cine y telenovelas, Internet con su inmediatez global, las redes sociales, entre otros.

Estas esferas de lo público interactúan entre sí y con los ámbitos privados, por lo que deben entenderse como espacios donde circula la información periodística de la que se va a hacer referencia a lo largo de este trabajo. No importa la trascendencia que tenga esa información, sino que es válida si al menos pueda interesar o modificar la realidad de unos pocos.

## 1.1. Nuevas tecnologías: Nuevos públicos y alcances

Cada vez que ocurre un significativo cambio social, económico o tecnológico, se sucede una transformación en las formas de producir y transmitir noticias. Esto lo demuestra lo que ocurrió entre 1830 y 1840 con el advenimiento del telégrafo y la creación de agencias de noticias; entre 1880 y 1890, con una caída de los precios del papel y el aumento de tirada de diarios; entre 1920 y 1930, con la radio y el aumento de la cultura de la farándula, y entre 1950 y 1960, con la Guerra Fría y la masificación de las producciones televisivas.

No más de quince años atrás, toda emisión y recepción mediática, era controlada sólo por los grandes grupos concentrados de comunicación, decidiendo éstos **qué, cuándo, dónde se podía tener información, y cuánto se debía pagar por ella.**

Pero la **globalización[4],** es decir, el proceso socio-económico, tecnológico y cultural que propició la apertura de las fronteras nacionales, la revolución

[4] **GARCIA CANCLINI, Néstor.** Consumidores y ciudadanos: Conflictos multiculturales de la globalización. México. Grijalbo,1995.

informática y fundamentalmente la masificación de las comunicaciones, generó hechos claves para plantear también una incipiente negación a la concentración de capitales informativos en pocos medios. En el marco de esta resistencia, surgió un influyente uso de las tecnologías conocidas como "2.0" cuya primera definición fue pensada por *Tim O'Reilly*[5] en 2004 cuando se refirió a ellas en el quinto *Foro Internacional de Contenidos Digitales (FICOD)*. Enunció que se trataba de una segunda generación en la historia del desarrollo de tecnología web, basada en comunidades de usuarios y una gama especial de servicios, como las redes sociales, los blogs o los *wikis*[6] que fomentan la colaboración y el intercambio ágil de información.

La llegada del cable, seguida por Internet y las tecnologías móviles, ha traído el más reciente cambio para las noticias, porque los usuarios comenzaron a usar estas herramientas de manera dinámica y original para informarse mutuamente y crear información, tanto a nivel global como en ámbitos locales. En las **nuevas tecnologías de la información y la comunicación**, que deben entenderse como medios que brindan herramientas como portales web, redes sociales, blogs, foros, chats y versiones digitales de radios, se considera que se materializa el establecimiento de una dicotomía, en pos de la democracia de voces, entre el emisor y el receptor. Ambos entes **fortalecen a lo que se denominará "Sociedad de la información", al poder intercambiar equitativa y libremente opiniones e información alrededor del mundo en un mismo instante, así como refutar ideas, debatir, dialogar, y construir consenso acerca de múltiples temáticas.**

Todo esto se logra a través del gran canal de distribución que es Internet que permite superar fronteras para llevar los hechos **"en vivo y en directo" a cualquier lugar del mundo a un bajo costo y con fácil acceso.** Sin embargo, esta masividad no debe ser interpretada como que todos los países y sus poblaciones tienen igualdad de condiciones económicas y educativas para el uso masivo y asiduo de Internet. Incluso, según un estudio realizado por el sitio The Next Web[7] sólo el 28,7% de los habitantes del planeta tienen acceso a la red, pero su uso ha crecido 44,8% durante en la última década. Además, África y Medio Oriente, dos regiones con la menor cantidad de usuarios conectados, han tenido un incremento de 2.357% y 1.825% respectivamente desde el año 2000; lo que significa que, eventualmente, podrían nivelarse la brecha con el resto del mundo.

---

[5] Es un fuerte impulsor de los movimientos de software libre y código abierto, así como uno de los autores del concepto Web 2.0

[6] Sitio cuyas páginas pueden ser editadas por múltiples voluntarios a través del navegador. Los usuarios pueden crear, modificar o borrar lo que comparten.

[7] http://thenextweb.com/

Pensando en este crecimiento de los internautas alrededor de la tierra, **esta investigación buscó adentrarse centralmente en el fenómeno del periodismo participado**, es decir, en la posibilidad de intervención de los usuarios como **generadores de información**, convertidos en **creadores de nuevos mensajes.**

Entonces, en este trabajo se puso en discusión la concepción de información, hasta entonces sólo comercializada y transformada en mercancía por los grandes medios tradicionales. En esta lógica se fue desdibujado así su verdadero rol social, que según los periodistas *Kovach y Rosenstiel* en su libro *"Los elementos del periodismo"*[8] la información debería consistir en ser proporcionada al ciudadano como un medio para ser libre y capaz de gobernarse a sí mismo. Y junto a ello, también, el desvanecimiento de la **misión periodística**, que siguiendo con la línea de los autores citados es la de **informar de manera veraz, con compromiso e imparcialidad, cuya primera lealtad es con el público.** Todo ello debe ser logrado sin disiparse en medio de la competencia entre las empresas de comunicación, la avidez sin límite por dar primicias y la lucha feroz por captar o mantener a las audiencias y lectores.

Entre este contexto de mercantilización informativa y el desgaste de credibilidad mediática también se retomó un fenómeno contrapuesto que surgió a fines de los 80´s y durante los 90´s con el surgimiento de una propuesta denominada **periodismo social/ periodismo ciudadano.**

Si bien tanto el periodismo tradicional como el social/ ciudadano garantizan la libertad de expresión y opinión, el derecho a la información y la comunicación, el respeto por las diferencias, la pluralidad ideológica y de opiniones, la búsqueda de la verdad y la equidad, para

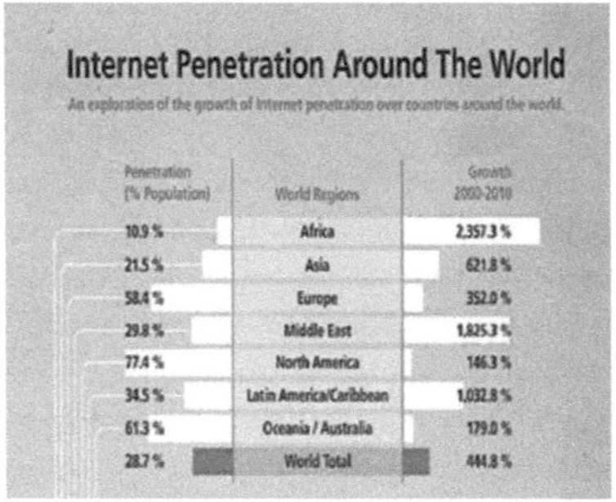

**Internet Penetration Around The World**

An exploration of the growth of Internet penetration over countries around the world.

| Penetration (% Population) | World Regions | Growth 2000-2010 |
|---|---|---|
| 10.9 % | Africa | 2,357.3 % |
| 21.5 % | Asia | 621.8 % |
| 58.4 % | Europe | 352.0 % |
| 29.8 % | Middle East | 1,825.3 % |
| 77.4 % | North America | 146.3 % |
| 34.5 % | Latin America/Caribbean | 1,032.8 % |
| 61.3 % | Oceania / Australia | 179.0 % |
| 28.7 % | World Total | 444.8 % |

Gráfico de inserción y crecimiento de internet alrededor del mundo.

---

[8] **KOVACH Bill y ROSENSTIEL Tom**. "Los elementos del periodismo" Madrid, Ed. El País, 2003

generar información como bien público; **el periodismo ciudadano, de la mano del periodismo social** por su parte afirman una real libertad de expresión y opinión, priorizando el interés colectivo en todas las dimensiones humanas. A su vez, buscan reducir las asimetrías sociales y de los excluidos, en él prima la función social de **mediación en la solución de problemas comunicacionales en lo local, regional, nacional e inclusive internacional.** Tienen una amplia **divulgación de los hechos coyunturales, construyen la democracia participativa y la democratización de la comunicación.** Por último **incentivan movimientos y organizaciones sociales para el desarrollo y el bienestar social.**

El punto de origen del periodismo social/ periodismo ciudadano se marca en los Estados Unidos. Luego, su práctica se trasladó a América Latina, donde el primero en aplicarlo fue Brasil, al que se sumaron, entre otros, Argentina y Colombia a partir del año 2000[9].

Particularmente en Argentina, para ese comienzo de siglo, se generó un fenómeno de crisis de representatividad y descreimiento político-mediático en donde ninguno de los referentes de poder y la comunicación favorecían a las necesidades sociales del momento. Y es casualmente allí donde comenzó a avanzar Internet, con un desarrollo tecnológico dinámico que comenzó a masificarse, generándose un nuevo canal de comunicación, hoy conocido como las herramientas web 2.0.

Un *sitio o aplicación*[10] de características 2.0 permite, interactuar a sus usuarios con otros y, sobre todo intervenir de cualquier modo, ya sea agregando, difundiendo y hasta eliminando contenido. Un usuario común con acceso a la red puede compartir opiniones, crónicas, reportajes, spots, fotografías y vídeos desde su propia realidad. Incluso, tiene a su alcance las herramientas para generar y publicar eventos de todo tipo y denunciar desde falencias barriales, trabas judiciales, hasta a funcionarios corruptos.

Pero es necesario hacer una salvedad: la información y el análisis aún están en manos de los periodistas profesionales, como editores de contenido. **Y estos agentes capaces de colaborar y crear su propia información, son parte de los que se denominará de ahora en más periodismo participado y en cuanto a sus usuarios, se los identificará y estudiará como prosumidores.**

[9] **CYTRYNBLUM, Alicia.** Periodismo Social. Una nueva disciplina. Buenos Aires, La Crujía, 2000.

[10] Herramienta que los usuarios pueden utilizar accediendo a un servidor web a través de Internet o de una intranet mediante un navegador.

## 1.2. Capacidad de prosumir en el mundo 2.0

> *"Debemos reconocer a los prosumidores como los actores comunicativos de la sociedad de la ubicuidad.*
> *El papel de los prosumidores resultará definitivo en las siguientes remediaciones que experimentará Internet, medio que definitivamente admite ser comprendido como lógica extensión de la inteligencia humana."*
>
> *José Octavio Islas Carmona* [11]

La palabra **prosumidor**, originalmente, proviene de los estudios de mercado y economía, donde se los entiende como sujetos que crean dinero mientras lo gastan. Es decir, que hacen una inversión, que con el tiempo y las mejoras que se puedan hacer, tendrá mayor valor en un futuro no muy lejano. Por ejemplo, en el caso de la compra de una casa se gasta dinero pero, con el paso de los años, si se producen modificaciones sobre ellas, se crea un patrimonio que irá creciendo o decreciendo día a día, generando un nuevo producto.

En cuanto al concepto de **prosumidor** dentro de los estudios sobre comunicación fue anticipado por *Marshall McLuhan y Barrington Nevitt* en el libro *"Tome Hoy: el Ejecutivo de deserción"*[12], en donde afirmaban que la tecnología electrónica permitiría al consumidor asumir simultáneamente los roles de productor y consumidor de contenidos. Siguiendo esta línea de pensamiento, en 1980 el Doctor en Letras y Leyes, *Alvin Toffler*, conocido por sus predicciones acerca de la revolución digital y la revolución de las comunicaciones, introdujo formalmente el término prosumidor en el libro *"La tercera ola"*[13]. En él usó el concepto de "ola" que se refiere a cada uno de los hechos biológicos, psicológicos, sociales y económicos que marcan a los distintos momentos de las civilizaciones.

Vaticina un resurgimiento. Plantea que originalmente en la "primera ola", los humanos dentro del proceso de la revolución agrícola, consumían lo que ellos mismos producían, es decir, un autoabastecimiento en el que no eran ni productores ni consumidores en el sentido mercantil que hoy en día se conoce, sino que eran lo que podrían denominarse **prosumidores.**

Pero luego, con la revolución industrial y el advenimiento de las máquinas en **la sociedad se pasa**

[11] **ISLAS CARMONA, José Octavio.** Abstract Artículo "El prosumidor. El comunicador activo de la sociedad de la ubicuidad" en revista Palabra Clave. Vol 11 n° 001. Bogotá, 2008.

[12] **MCLUHAN, Marshall y BARRINGTON, Nevitt.** Tome Hoy: El Ejecutivo de deserción. Nueva York, Hacourt Brace Jovanovish, 1970.

[13] **TOFFLER, Alvin**. La Tercera Ola. Madrid, Biblioteca de divulgación científica Muy Interesante, 1980.

**de producir a consumir,** dando lugar a las "segunda ola" cuyas **consecuencias culturales fueron la uniformidad, la especialización, la sincronización, la concentración, la maximización y la centralización.** Aquí se separaron estas dos funciones antes unificadas y se dio nacimiento a dos agentes conceptuales diferentes: productor y consumidor. La imagen de poder en esta "segunda ola" lo tienen los que se ocupan de coordinar y optimizar los procesos de producción. En este caso, analizando los medios de comunicación, serían los dueños de las empresas y los periodistas.

Sin embargo, finalmente propone que con el avance de la tecnología y el surgimiento de nuevos medios de producción se genera la "tercera ola". "Están desapareciendo los días de la omnipotente red centralizada que controla la producción de imágenes (...) los medios de comunicación de la tercera ola están destruyendo en un amplio frente el dominio ejercido por los dueños de los medios de comunicación de la segunda ola"[14].

En medio de este juego de embates entre las distintas etapas de producción-consumo, se puede ver imbricada en la "tercera ola" el surgimiento de este nuevo rol virtual de los usuarios de Internet y sus nuevos soportes. Pierden

El prosumidor y sus herramientas multimedia.

vigencia las antiguas webs no-interactivas, donde al internauta sólo se lo limitaba a una visita pasiva entendida así por su **incapacidad instrumental de producir nuevos contenidos, reducido a la sola recepción de la data hermética que se le proporcionara.**

Fue a principios de los años 90, cuando comenzó a surgir una apertura de los medios hacia lo que se entendió en su momento como periodismo cívico. Buscaban la participación del público y las comunidades en la forma de sesiones de grupo o 'focus groups', encuestas y observación de las reacciones ante las historias noticiosas diarias. La mayoría de estos primeros acercamientos

[14] Idem 11. Pág. 167

se centraron especialmente en la cobertura de climas electorales. Pero luego, en particular los periódicos buscaron involucrar a los lectores en temas que pudieran generar debate.

Pero ahora, con el acceso a las herramientas adecuadas, quienes tienen llegada económica y educativa a Internet se convierten directamente en potenciales productores de nueva información.

Así, se da un gran paso adelante en la democratización de la información, tanto para los emisores como los receptores. **La información ha dejado de ser propiedad de pocos, para ser de muchos.** Tanto es así, que algunas de las noticias más importantes de los últimos tiempos se han nutrido de imágenes de ciudadanos que estaban en el lugar del suceso antes de que llegara la prensa tradicional.

Pero la verdadera riqueza del periodismo colaborativo radica, en que viene a **ampliar el abanico temático sobre el que cotidianamente se ha desempeñado el periodismo.** Los ciudadanos publican vídeos, fotografías y textos referentes a aquellas cuestiones que los **preocupan e interesan**, sin grandes filtros ni manipulaciones de por medio.

Son libres para manifestarse en primera persona, para hacerse cargo e incluso darle entidad a lo que transmiten. Además, este tipo de usuarios puede llegar a tener un enorme poder para cuestionar o complementar información publicada por medios de tipo tradicional, antes inescrutable o sólo cuestionada a través de las cartas de lectores o con llamados telefónicos al medio.

El fenómeno de participación ha tomado tal crecimiento que en el año 2006, la revista norteamericana TIME eligió como **"personaje del año" a "You"-"Vos"/"Ustedes"** en reconocimento a los millones de ciudadanos por su influencia en la era colaborativa de la creación de información como usuarios activos de Internet.

| Tapa Revista Times. Diciembre 2006.

# 1.3. Medios de periodismo participado
## Casos de estudio.



Entonces, ante esta irrupción de un público con acceso a herramientas de participación, se buscó conocer cómo se desempeñan los prosumidores de contenidos informativos dentro de espacios abiertos a la colaboración.

Fueron estudiados[15] desde su participación a través del análisis de cuatro portales de periodismo participado. El sentido de esta elección fue que, si bien existe una apertura de espacios de periodismo tradicional hacia la participación del público, sólo se les da lugar en ocasiones muy puntuales y en pequeños recuadros. Sin embargo, los sitios elegidos son medios que se hacen y se ordenan íntegramente según lo que lo que los mismos usuarios aportan.

Se tomaron dos ejemplos de España **Bottup.com** - **Ziudad.es** y dos de Argentina **MendozaOpina.com** - **LetraCompartida.com.** Uno de los criterios de selección que primaron fueron los elementos culturales que ambos países comparten en cuanto al idioma, la historia, las costumbres y tradiciones.

Otro de los motivos, fue que el país de inserción de los dos primeros medios se encuentra atravesando una crisis económica y social que ha llevado a los ciudadanos a manifestarse con mayor arraigo y compromiso, de manera pacífica, horizontal y transparente. Un ejemplo de ello es el surgimiento del movimiento ciudadano "Indignados", que en mayo de 2011 protagonizaron una serie de protestas callejeras con la intención de promover una democracia más participativa alejada del bipartidismo entre el Partido Socialista Obrero Español vs el Partido Popular y del dominio de bancos y corporaciones, así como una "auténtica división de poderes" y demás medidas en pos

[15] El seguimiento de las características de los sitios se hizo durante los meses de enero y febrero 2012. En el transcurso del trabajo de tesis hubo algunos cambios estéticos y de estructura principalmente en el portal de Mendoza Opina. No obstante, ninguno de los sitios ha perdido el sentido y la significación tomada para esta investigación.

de mejorar el sistema democrático vigente.

Los dos medios argentinos, fueron elegidos como disparadores para visualizar cómo se vienen desarrollando esta nueva práctica colaborativa en un contexto de post crisis económica y de representatividad política de 2001. Mendoza Opina y Letra Compartida fueron a su vez elegidos por ser sitios que se gestan en dos capitales de provincias cuya característica común es que la comunicación está centralizada en grupos mediáticos: en el caso de Mendoza, "Uno Medios" y "Cuyo Televisión", concentran bajo su control la difusión de mayor audiencia y en el caso de La Plata, las empresas periodísticas "El Día" y "Hoy" reúnen gran cantidad de público junto a los medios de alcance nacional que provienen de la cercana Capital Federal. Entonces, ambos son alternativos o complementarios ante esa concentración en pocas voces. Los cuatro permiten un mayor acceso a la creación de información y divulgación, dejando a disposición herramientas para participar de manera democrática en distintos espacios de expresión e interacción.

El grupo de medios también fue seleccionado a modo de muestra porque los cuatro se caracterizan por el libre acceso a la publicación de contenidos multimediales a partir de un simple registro o envío de un correo electrónico. Además que el sistema de participación es por geolocalización, es decir que cada publicación, se identifica en cuanto a la zona geográfica desde dónde fue enviado el mensaje.

La clasificación se realizó a través de cuatro aspectos representativos para analizar la participación. En primera instancia, la **Estética y Conceptos** sirven para conocer bajo qué identidad, en cuanto a su apuesta estratégica por ser percibidos de una manera determinada, se presentan los sitios ante los usuarios y cómo se atrae al usuario a sumarse y ser parte.

La **estructura** se estudia para visualizar cómo se ordena y ubica la información según tamaños, disposiciones y primacías en el espacio. A su vez, para conocer bajo qué categorías se marcan las divisiones/ secciones que utiliza cada portal. Además se observarán los **Modos de publicación** en pos de demostrar quiénes tienen acceso, bajo qué normas y los distintos roles que puede tomar un usuario dentro de los cuatro portales.

Finalmente, las **Herramientas para la participación** serán analizadas con intención de señalar cuáles son las facilidades que se les brinda a los ciudadanos para participar de manera multimedial y en red.

Lo central en este análisis de los factores

anteriormente mencionados, es que luego se realizó una división más general dada a partir del estudio en primer término de las condiciones de **Producción** que tienen los prosumidores para publicar. Es decir qué accesos y facilidades de inserción o creación de contenidos se tienen a disposición.

Luego el turno de la **Emisión:** ¿cómo se publica?, ¿quiénes dan el permiso?, ¿bajo qué reglas y condiciones?, ¿a quienes se les adjudica autoría? Finalmente, una vez que la información está on-line, llega el turno de **Circulación**, y en este punto cabe preguntarse ¿qué herramientas de difusión tienen al alcance? ¿qué redes sociales priman? ¿qué tipo de feedback tienen? y ¿qué resultados se pueden generar?

Este esquema es variable y no pretende darle un valor jerárquico diferencial a cada instancia, sólo que las tres instancias se suceden cronológicamente y se retroalimentan.

Publicar en el perfil

Agregar un comentario

TIME

You.

Introducción

1 de 1 Elegir imagen en miniatura

Sin imagen en miniatura

Enviar un mensaje en lugar de publicar en el perfil

Compartir Cancelar

2. Instancia de producción

*Izquierda.* Página principal de www.letracompartida.com

*Derecha.* Banners y secciones de www.letracompartida.com

[16] http://www.letracompartida.com/que-es-letra-compartida

## Letra compartida

El primer elemento analizado bajo estas categorizaciones es el sitio **Letra Compartida.** Se trata de un medio de comunicación que surgió en la ciudad de La Plata y propone **nuevas prácticas en el ejercicio del periodismo y la generación de información.** Se basa en la potencialidad de las nuevas tecnologías y fomenta la participación ciudadana. La iniciativa comprende la formación de una comunidad de periodistas ciudadanos a nivel local, en un comienzo, de las principales ciudades de la Provincia de Buenos Aires.

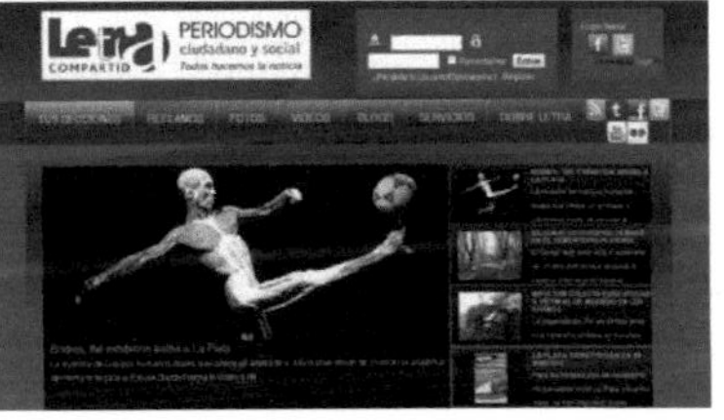

Sus fundamentos, manifestados en la sección ¿Qué es Letra Compartida?[16] de la web, son que **"la información, es poder pero especialmente, es un derecho social,** lo cual implica un fuerte compromiso de cada integrante de la sociedad para con su comunidad. Y figura a los **periodistas ciudadanos** como las personas que comparten novedades, preocupaciones, opiniones, críticas, **en un marco de respeto y apostando a mejorar la situación social común**".

Además, lo que lo caracteriza es que su propósito va más allá de la de una simple **difusión participativa**, dado que **todo cambio social requiere de la acción concreta.** Por eso además del contacto virtual, fomentan el acercamiento cara a cara entre personas y organizaciones de diverso tipo, con el fin de **"realizar proyectos y acciones conjuntas para atender sus realidades."**

## Estética y conceptos

Su sitio se presenta con un *logo*[17] en el que figura la significación de su nombre: letras ensambladas que se comparten uniendo las palabras. Con esto, se crea sentido de comunión de la información. Por su parte, el *slogan*[18] que lo acompaña es "Todos hacemos la noticia" aludiendo nuevamente al objetivo general del medio: **que entre periodistas y ciudadanos se construya la información.**

¿Qué esperás para empezar a hacer la noticia?

Inmediatamente después, se pueden encontrar tres banners en *slidebar*[19] donde se invita a participar con preguntas incentivas como: **"¿Qué esperás para empezar a hacer la noticia?"** junto al dibujo de un grupo de personas en comunidad. Con esto da cuenta de la posibilidad de generar una pertenencia, un grupo unido, una masa que participa en conjunto por diferentes razones. Las causas que se promueven en el slidebar son reclamos, noticias, opiniones, fotos, videos y eventos, que pueden ser compartidas a través de un registro en el sitio para "Ser un ciudadano activo", según reza uno de los banners junto a una caricatura humana con un megáfono, referenciando a una gran difusión de lo que se informe.

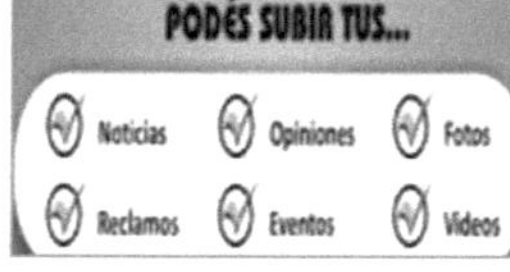


*Izquierda y derecha.* Banners de invitación a participar.

## Estructura

En el slidebar principal de la página se publican las 4 últimas notas enviadas, las más leías o más votadas de la semana. El tiempo de permanencia en la página principal depende de la cantidad de notas recibidas y su temporalidad. Cuando una nota caduca, por ejemplo porque ya ocurrió el evento, perdió transcendencia de

[17] **Logo** es el elemento gráfico que identifica a una persona, empresa, institución o producto y que suelen incluir símbolos, normalmente lingüísticos, claramente asociados a quienes representan. Según afima el diseñador suizo Jörg Zintzmeyer en su libro "Logo Design" "Es una promesa, no es en sí mismo una marca: es una forma de expresión de la misma o su imagen más condensada. (...) La marca ha de ofrecer lo que el logo promete".

[18] **Slogan** debe entenderse como el lema publicitario se usa en un contexto comercial o político como parte de una propaganda y con la intención de resumir y representar una idea. La idea es que esa frase sea fácil de recordar figurativamente para el público.

[19] **Slidebar** es la barra digital donde se deslizan diapositivas con imágenes, titulares o presentaciones que van rotando una tras otra dejando un tiempo de lectura óptimo entre ellas.

Banner de invitación a colaborar con diferentes formatos.

actualidad, o porque las demás noticias la muevan en orden cronológico, pasa al interior de la página.

Las secciones se dividen según su pertinencia y la gran mayoría están englobadas bajo el término **"Tus secciones"**, donde se refuerza que al sitio lo hacen los mismos usuarios. Dentro de esta sección integral se destacan entre las menos tradicionales "Medio Ambiente", "Historias ciudadanas", "Denuncias" y "Tu blog compartido". Luego otra sección macro es **"La mirada platense"** donde los usuarios pueden publicar acerca de temáticas de carácter nacional o internacional y sin hacer referencia necesariamente a la actualidad de la ciudad. Otra de las *pestañas*[20] corresponde a "Reclamos" en la cual se puede subir, desde cualquier formato, todo tipo denuncias, opiniones o responder a encuestas generadas por el sitio.

Luego **"Tus fotos"**, **"Tus videos"**, **"Tu blog compartido"** y **"Letras de la ciudad"** son espacios en donde los ciudadanos están habilitados a publicar y difundir sus producciones o eventos a través también de un simple registro. En el *home*[21] aparece el video más visualizado y el álbum de fotos corresponde a la colección imágenes subidas por los ciudadanos.

## Modos de publicación

El sitio también anuncia en el espacio "¿Qué es Letra Compartida?" los distintos modos de participación que admite:

***Visitantes:*** que simplemente consultan la información y, si es de su interés, comentan las notas.

***Redactores de Letra Compartida:*** formada por un grupo de comunicadores, que además de subir contenidos propios, se encargan de administrar la publicación y brindar asistencia a los periodistas

[20] Una pestaña es una especie de solapa o lengüeta que sirve de interfaz de un programa para cambiar rápidamente lo que se está viendo sin cambiar de ventana que se usa en un programa o menú.

[21] Es la página principal de una web donde generalmente se encuentran todas las secciones y enlaces disponibles de la misma.

ciudadanos.

*Auspiciante:* involucra a entidades, organizaciones, profesionales y comerciantes locales que compartan los valores y la impronta del espacio que se interesen por financiar el sitio.

*Periodista ciudadano:* se registra gratuitamente con nombre, apellido, mail y ciudad desde donde publica. Luego del registro, se le envía un correo electrónico a la dirección indicada para activar la cuenta.

A partir de allí el interesado podrá ingresar a la zona exclusiva para registrados y acceder a **"Mi Redacción"**, acceso dispuesto para el envío de artículos, a través de un editor de texto similar al Microsoft Word donde el usuario deberá indicar el título de la nota y el contenido de la misma.

Cuando el periodista ciudadano suma algún tipo de contenido a **Letra Compartida.** El medio envía una notificación en la que se le agradece la participación y avisa que en breve será publicado lo que compartió. Un integrante del staff corrobora que cumpla con los Términos y Condiciones, puede contactarse con el periodista ciudadano, a fin de chequear la veracidad de la información, sugerir mejoras de redacción y/o titulación (en cuyo caso se aplicarán sólo con previa aprobación del periodista ciudadano), e incluso, advertir sobre las posibles implicancias de denuncias o aseveraciones que no estén debidamente fundamentadas. En caso de que no respeten las normas, se comunican vía e-mail al usuario las causas que implican el rechazo. Y éste, podrá solicitar una revisión, y eventualmente, se podrá proceder a su publicación finalmente.

A su vez, a partir del registro, el usuario inicia un espacio en la página en el que comienza a figurar su "Carnet de prensa" donde habrá un registro de su foto de perfil, sus datos personales y el historial de sus publicaciones.

Todos cuentan con la posibilidad de contactarse con cualquier integrante del *staff permanente*[22] de Letra Compartida a fin de transmitir inquietudes, solicitar mayor información, pedir asistencia para subir contenidos o para realizar notas en forma conjunta si la situación lo amerita.

[22] Por staff permanente debe entenderse, en este caso, como el conjunto de personas fijas que colabora, apoya y asiste a las funciones para lograr los objetivos de cada uno de los medios.

## Herramientas para la participación

Para participar, los usuarios cuentan con herramientas como subir fotos y videos o enlazar los sitios en los que estén subidos, utilizar mapas interactivos, *linkear*[23] notas dentro de una misma publicación y comentar o difundir desde Facebook, Twitter o Google + lo que deseen.

Para esto, tienen a disposición una guía para publicar artículos, fotos, videos e informar eventos. Se les ofrece también un tutorial para elegir buenos títulos, se indica para qué sirven las bajadas y cómo se crean, luego se describe el armado del cuerpo de la nota y cómo sumarle palabras claves o finalmente cómo ubicarla dentro de las distintas secciones que ofrece el sitio.

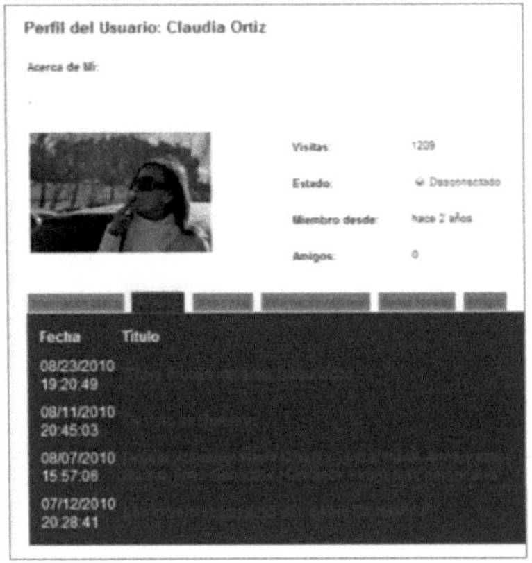

"Carnet de prensa" de la ciudadana registrada como Claudia Ortiz.

[23] Enlazar, unir o hipervincular a otros sitios.

## Mendoza Opina

"M**endoza Opina"** se presenta en su sección "¿Qué es Mendoza Opina?" como un espacio de interacción y participación ciudadana en la producción de noticias en la provincia de Mendoza. Se declara como un medio independiente, que responde solamente a la opinión de los usuarios y trabaja por autofinanciarse y no depender de ningún grupo de interés político o económico. **Su principal recurso es el usuario que participa, tanto el que envía información como el que sólo comenta o comparte**, formando así una identidad propia, que se va creando por la retroalimentación que recibe de los lectores y usuarios del sitio, generando una comunidad de noticias construidas en forma colaborativa.

Sus notas pertenecen mayoritariamente a la actualidad nacional y luego se centran en temáticas de carácter provincial o de hechos particulares de las diferentes localidades mendocinas.

## Estética y conceptos

La web se identifica con un **logo** en el que figura el nombre del sitio en forma de *url*[24]. Junto a él se encuentra la figura de un semáforo en el que cada luz está representada por un globo de conversación y la que corresponde a la luz verde es la que más se acentúa. A este concepto de "permiso", "acceso", se le suma el slogan **"Luz verde para participar"** con el subtítulo inmediato: "Periodismo Ciudadano".

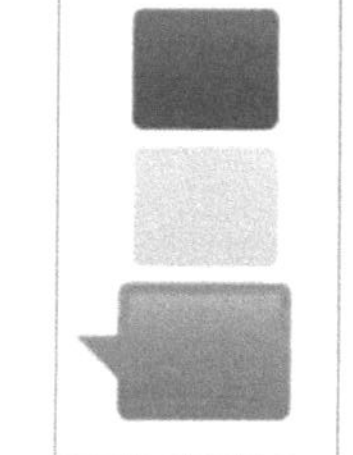


*Izquierda y derecha.* Logo de www.mendozaopina.com

[24] Sigla en inglés "Uniform Resource Locator" es decir Localizador de uniforme de recursos. Se usa para nombrar recursos en Internet para su localización o identificación, en una cadena de caracteres que identifica cada recurso disponible tras la www. que derivan en, por ejemplo, sitios donde haya documentos textuales, imágenes, vídeos, presentaciones digitales, entre otros.

## Estructura

Siguiendo el mismo concepto de permisividad y positividad, el color verde prima en el fondo del sitio combinado con el blanco y negro para contrastar. Cada nota, está emplazada dentro de un **globo de conversación** a modo de que se genere un diálogo a partir de ellas.

**"Envianos tu nota", "¡Arreglen mi calle! dejá tu reclamo"**, junto a la señal de "calle en reparación" en un mapa geolocalizador de la provincia de Mendoza, son aplicaciones en los que los usuarios pueden intervenir indicando zonas de reclamo, escribiendo qué ocurre y subiendo una fotografía.

Entre las secciones priman ejes temáticos no muy disímiles de los de un medio tradicional como: "Política",

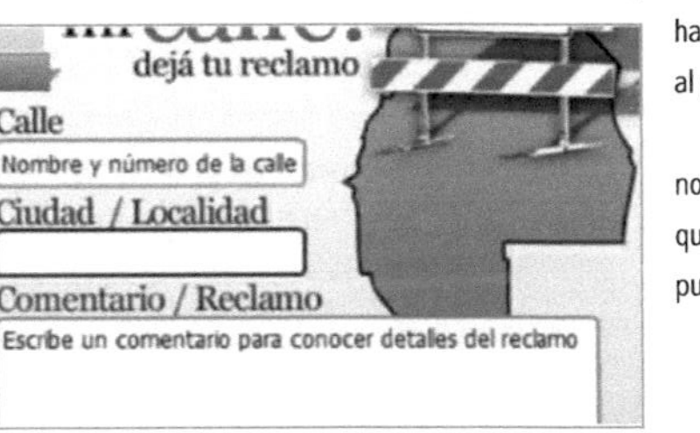


"Deportes", "Tecnología", "Ambiente", "Sociales" y "Estilo de vida". Estas dos últimas corresponden a un segmento del sitio en el que se refleja en fotos la vida de los mendocinos en eventos, encuentros, y sus formas de consumir.

*Izquierda.* Grilla para indicar zonas donde se inician reclamos urbanos.

*Derecha.* Página principal de www.mendozaopina.com

Pero a ellas se le suma la "Columna Opinión pública" donde se encuentran notas de diferentes temáticas que han subido los ciudadanos a través del envío de un mail al portal.

Allí priman los comentarios de notas firmadas con nombre, apellido e email de contacto. Esto se debe a que los usuarios no se registran sino que el sitio firma las publicaciones con sus datos.

## Modos de publicación

Cada nota se publicará con un previo análisis de comprobación de que no violen los Términos y condiciones de uso del sitio. Pueden compartirse de los siguientes modos:

- **Envío de un mail** a **info@mendozaopina.com**, todas la notas aparecen con imágenes, siendo o no que el medio haya recibido ese complemento.
- **Mensaje directo desde la página** donde los ciudadanos pueden mandar lo que deseen en formato de texto únicamente.
- **Comentarios-nota**, son acotaciones a las publicaciones, que por su extensión, se convierten en nuevas notas.
- **Reclamo geolocalizado:** sólo publica en el mapa de "Arreglen mi calle" con una breve descripción de qué es lo que sucede en determinada zona de la provincia.
- **Redes sociales:** Los contenidos se pueden divulgar en las redes sociales Facebook, Twitter y Google+ con un simples linkeos o con comentarios añadidos que enriquecen lo publicado.

El resto de los artículos, notas y opiniones que no se firman, responden a la elaboración del equipo de colaboradores de MendozaOpina.com. Su lógica es que esas publicaciones pertenecen al medio y que todos los que deseen usar sus contenidos pueden hacerlo, sólo piden que citen la fuente, para ayudar a crecer y difundir esta modalidad de cooperación.

## Herramientas para la participación

Los medios que brinda para sumar información periodística se basan en la posibilidad de **subir fotos, videos, presentaciones, mapas interactivos y publicación de historietas**, todo a través de envío de correos electrónicos. A vez, se puede comentar debajo de las notas y difundir lo que se encuentra publicado en **Facebook, Twitter y Google+**.

## Ziudad.es

*Derecha.* Fondo de pantalla de la página principal de www.ziudad.es

**Ziudad.es** se presenta, en su sección ¿Qué es y cómo funciona?[25] , como un medio cuyo objetivo es conseguir transformar virtualmente los municipios de España y convertirlos en "ciudades de ciudadanos activos". Para ello, plantea el concepto de que "a la ciudad no la hacen los edificios, ni las empresas, ni el ayuntamiento, ni sus dirigentes, sino que lo que **la define es la suma de todos los ciudadanos y ciudadanas que la habitan.**" Por eso creen que es el aporte individual dentro de la suma de todos los demás, que puede t**ransformar la ciudad y convertirla en el sitio en el que todos quieren vivir y desarrollarse.**

Su función es ser una suerte de "Buzón Ciudadano", ya que cada publicación o lo que denominan zumbidos, colabora con que los ayuntamientos conozcan pedidos de resolución de problemas urbanos, propuestas, denuncias o halagos de los ciudadanos. Con esta posibilidad de publicar problemas, quizás se resuelvan o tienen respuesta, de manera más ágil, viral y con menos trabas administrativas.

## Estética y conceptos

Para dar cuenta del contexto de urbanidad, el sitio tiene un logo representado a través de un cartel de tránsito emplazado entre nubes junto a la geolocalización "España". A su vez, une el concepto de la ciudad más los zumbidos que pueden generar cada publicación dando como resultado la combinación del término **Ziudad**. El slogan, **"¡zumbidos con fuerza!"**, representa el mecanismo con el que las publicaciones tendrán mayor importancia y trascendencia, que se deberá a los apoyos que reciba de los demás usuarios.

El medio invita a participar a través de una

[25] http://ziudad.es/es/infos/queesziudad

presentación animada que está compuesta por tres personajes que dan la bienvenida mediante viñetas de qué se trata el sitio: **"Ziudad es gratuita"/ "¿querés saber cómo funciona? / "Pincha aquí para saber más".**

A su vez se trata de que cada globo re direcciona a una una página donde una comunidad dibujada en siluetas comienza a hablar. Algunas figuras manifiestan inquietudes como: **"Los problemas no se resuelven", "Quiero que me escuchen", "quiero dar mi opinión", "Tengo ideas para mi ciudad", "No encuentro lo que necesito".** A lo que **Ziudad.es** responde nuevamente: **"Ziudad es gratuita", "Podés comenzar a crear zumbidos", "porque un zumbido requiere respuesta", "Nosotros aumentamos su fuerza". "Así el ayuntamiento y la empresa escuchan y responden" "Vemos soluciones y eso nos alegra".** Concluye con un mensaje positivo que denota comunidad: **"Ahora podemos opinar, escuchar, preguntar, responder, Los problemas se resolverán y estaremos más satisfechos".**

Finalmente, debajo de la viñeta, se encuentra la invitación: **"Registrate en Ziudad y te informaremos de los Zumbidos que se generen en tu zona"**. Así, dan a entender que la participación tendrá dinamismo, importancia y una posterior trascendencia.

*Izquierda.* Banner de invitación a participar.

*Derecha.* Continuación del banner de invitación a colaborar.

## Estructura

En cuanto a la composición de la página, el home se puede visualizar de dos modos: en forma de lista o de mapa. El primero, se trata de un esquema similar al de la red social Twitter[26]: una barra simple con títulos y mensajes breves emplazados dentro de tres pestañas diferentes:

[26] www.twitter.com

**Más recientes, Más apoyados, Respondidos.** Allí las publicaciones se dividen en **desperfectos urbanos, ideas o propuestas, peticiones de explicación, quejas y denuncias, opiniones y aplausos** cada sección con un correspondiente ícono alusivo.

El sistema de aparición se esquematiza a partir de las tres pestañas divisorias a modo de ranking: **por orden de publicación**, **por número de apoyos**, es decir las más avaladas por los demás usuarios del sitio, o **por temas resueltos o respondidos** por empresas o el ayuntamiento.

El otro modo de visualización es una vista satelital de la Península Ibérica con diferentes *pins*[27] sobre ciertas zonas geográficas a las que estén referidas cada una de las publicaciones. Cada pin es un enlace hacia un globo de diálogo donde figura lo que se dijo acerca de ese área.

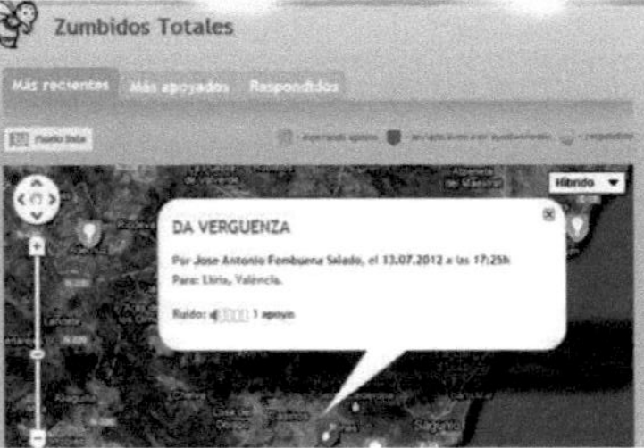


*Izquierda.* Esquema de aparición de los zumbidos.

*Arriba derecha.* Modo tabla

*Abajo derecha.* Modo mapa y "pins" sobre las zonas de zumbido.

## Modos de publicación

Los usuarios tienen el poder de decisión acerca del grado de anonimato que quiere tener en **Ziudad**. Las publicaciones pueden ser presentadas en forma

[27] Pins en este caso son pequeñas insignias o puntos que señalan algún sitio en mapas.

**anónima** o en forma **nominal** según sea el caso. Sin embargo, **para registrarse, deben brindar datos de nombre, apellido, mail e incluso pueden vincular sus cuentas de** Facebook[28]. El sitio, según aclara, garantiza la privacidad y seguridad de todos los ciudadanos que colaboran para mejorar su ciudad.

El usuario que no se registra, puede sumarse apoyando o rechazando los zumbidos, además está habilitado a dejar un comentario o difundirlo en Facebook, Twitter, Menéame[29] (ver capítulo 4) **o linkearlo en algún blog.**

A partir de la participación, sólo los zumbidos del tipo desperfecto urbano son enviados directamente al ayuntamiento para su resolución. **Sin embargo, el resto de zumbidos requerirá del apoyo de los conciudadanos para poder ser tratados por el municipio.** Para ello, los usuarios pueden invitar a apoyar zumbidos a más gente que pueda estar de acuerdo con lo publicado.

A su vez, el sitio avisa automáticamente a otros ciudadanos de la zona del zumbido para que lo apoyen o rechacen. Esta última acción puede realizarse de manera anónima o no, quedando a criterio de los mismos usuarios. La lógica es que todos deben participar activamente de manera responsable, respetando las opiniones de todos para aumentar su prestigio como ciudadano, y de no cumplir con esa norma, puede ser penalizado o expulsado de la comunidad **Ziudad**.

## Herramientas para la participación

Para publicar, los usuarios tienen una plataforma que les permite subir texto, **imágenes y enlaces**. A su vez pueden **comentar o difundir los zumbidos desde Facebook, Twitter o vía e-mail.**

El sitio aconseja explicar con detalle el motivo de cada Zumbido. Pide a los ciudadanos ser educados en sus expresiones y que intenten organizar sus pensamientos para conseguir transmitir claramente su mensaje. Finalmente les recuerda que otros van a sumarse para evaluarlos y apoyar o rechazar, por lo tanto deben invitar a que sean parte de la valoración.

[28] www.facebook.com
[29] www.meneame.com

## Bottup

**Bottup.com** se presenta dentro su sección ¿Qué es Bottup?[30] como una red sin ánimo de lucro donde los ciudadanos publican sus propias noticias y los periodistas trabajan para facilitar esa tarea colaborativa. Es el primer proyecto de periodismo ciudadano en español y está online desde 2007. **Bottup** es un referente en participación ciudadana en la información, colaborando como ejemplo en diversos congresos de Periodismo y Ciudadanía Digital y llegando a ser considerado un ejemplo a seguir por parte de expertos internacionales como *Dan Gillmor*[31], padre del término ''Periodismo Ciudadano o participativo"

En él, cualquier ciudadano puede registrarse gratuitamente y obtener su "Carnet de Prensa" o "perfil" e integrar la red social de periodistas ciudadanos. Según lo expresa también en su sitio, el objetivo de **Bottup es ofrecer plataforma para que la ciudadanía pueda decidir y transmitir lo que realmente le interesa y que pueda hacerlo de manera "digna" y "profesional".** Por eso, para lograrlo, los periodistas de la Redacción de Bottup trabajan directamente para que todos logren acceder a un buen desempeño en el espacio que brindan.

## Estética y conceptos

**Bottup** es un acrónimo de la expresión inglesa **"From Bottom Up"**, es decir, **"de abajo hacia arriba"** que sintetiza el pilar principal sobre el que se sustenta el sitio: crear la información, construir la opinión pública, **el verdadero poder permanente de la ciudadanía, de abajo hacia arriba, en lugar de arriba hacia abajo, como generalmente ocurre entre periodista y ciudadanos en los medios tradicionales.**

Su logo, representa el concepto de comunidad, reunión y encuentro. En lo que respecta al slogan **"Tu noticia, es la noticia"** sigue la línea de su nombre ya que las noticias de los usuarios pasan a ser las más importantes o relevantes para nutrir a este medio. El

[30] www.bottup.com/ique-es-bottup.html

[31] El primer periodista de un medio tradicional en abrir un blog, reflexionando y analizando en sus posteriores libros "Nosotros el medios" y "Mediativo" sobre una nueva forma de hacer periodismo más personal, basada en la interacción, menos autoritaria y más participativa.

mismo lema se replica y refuerza sobre el margen derecho de la web en un banner con la fotografía de una joven que escribe en una notebook en un banco de plaza. El color verde prima en el fondo del sitio combinado con el blanco y negro para dar un aspecto de positividad, empatía y esperanza.

Banner invitación a participar de www.bottup.com

Por último, siguiendo con la misma idea de la importancia de la participación, las notas están dispuestas dentro viñetas de conversación también abriendo diálogos.

## Estructura

El sitio se estructura a partir de secciones fuera del esquema del periodismo tradicional y se encuentran englobadas bajo el título **"Portada"** en ella se encuentran ejes como **"Ciudadanía"**, **"Internet"**, **"Organizados"**[32], **"Pulso Ciudadano"**[33], **"Vivienda"**, **"Cambio climático"**, **"Denuncia"** y **"Nodo Libre"** que es un espacio sin clasificación para la participación. Luego, la sección general **"Redacción"** contiene el eje **"Enviada especial" y "Blog de redacción"**. Otra de las fracciones del sitio se llama **"Mundo"** con 10 países de América Latina participando, y por último **"Comunidad"** que es la red social de ciudadanos que se han registrado en el sitio.

Las notas se disponen en dos columnas una principal y otra secundaria para notas menos destacadas. Están publicadas en orden cronológico de aparición. Las redes sociales y modos de interacción y participación están emplazados sobre el margen derecho de la web en diferentes banners o slides. El esquema se repite hacia el final del sitio, donde se encuentra otra sección llamada "Especiales" que se trata de enlaces a blogs internos del sitio con distintas temáticas. Algunos de sus títulos

[32] Canal de Bottup para ONG's, asociaciones vecinales, cívicas, culturales y cualquier tipo de movimiento social.

[33] Barómetro social que aporta la visión desde la base. Sus resultados públicos y permiten a la Redacción Bottup focalizar su esfuerzo en aquellos temas que el ciudadano considera importantes, urgentes o simplemente desatendidos. Fuente: http://forum.bottup.com/PulsoCiudadano/#ixzz21XwiM2pn

son: **"Letras contra la pobreza", "El cuarto mundo", "Organizados".**

Enlaces a cada uno de los blogs del sitio.

## Modos de publicación

Publica una noticia

**Bottup**, como su identidad[34] lo indica, considera primordial la intervención de una ciudadanía activa porque, según manifiesta en su sitio, es sinónimo de una democracia sana en la que una sociedad progresa. Por ello, su principal objetivo es ofrecer una herramienta y un servicio profesional independiente, desinteresado y sin ánimo de lucro para que los usuarios sean activos en el campo de la información.

Los gestores de la información que circula en Bottup se presentan en ¿Quiénes participan?[35] y son los siguientes:

**Periodistas Profesionales:** Dirigen, trabajan o colaboran en el sitio porque entienden **que su profesión es un servicio social necesario y que no pueden estar permanentemente sometidos a los intereses privados de grandes grupos mediáticos.** Editan las informaciones de los periodistas ciudadanos y les prestan todo el apoyo que necesitan para producir su propia información.

Debajo de cada nota publicada, el medio dispone un recuadro donde se indica si el profesional **modificó o aportó algo** en cuanto a narración, estilo o recursos multimediales.

Cada vez que se sube una nota, ellos reciben un aviso automático sobre el nuevo contenido introducido por el periodista ciudadano. Allí, un miembro de la redacción o un periodista colaborador lo abre y lo somete al proceso de edición. Este proceso comprende los siguientes pasos:

- Contrastación y verificación de la información (para lo cual la redacción contacta también con el usuario si fuera necesario)
- Corrección ortográfica y gramatical

---

[34] www.bottup.com/ique-es-bottup.html

[35] www.bottup.com/ique-es-bottup.html#axzz1yW3Mlaxd

- Sintaxis
- Titulación
- Maquetación: destacados, sumarios, anexos, etc.

En ciertas ocasiones la Redacción puede negarse a publicar un artículo si éste es publicidad encubierta, incurre en homofobia, xenofobia o cualquier expresión que incite deliberadamente a la violencia. El autor siempre será informado de esta decisión y si lo desea podrá someter su artículo al escrutinio y decisión del resto de los periodistas ciudadanos de Bottup.

**Periodistas ciudadanos:** son aquellos miembros que se registran y obtienen su Carnet de Prensa virtual para comenzar a participar activamente en la plataforma, generando su propia información.

**Periodistas colaboradores:** son los periodistas profesionales que se identifican con la misión de Bottup y colaboran con la redacción al servicio a los periodistas ciudadanos.

**Visitantes:** se trata del público que sólo entra para consumir información y simplemente comenta o valora con estrellas del 1 al 5.

## Herramientas de participación

Para participar, los ciudadanos tienen a disposición programas para **subir fotos y videos o enlazar los sitios en los que estén publicados.** También pueden **utilizar historietas, linkear notas** dentro de una misma publicación y **comentar o difundir desde Facebook, Twitter, Google + o en blogs** lo que deseen.

Además ofrecen un tutorial básico llamado "La Escuela"[36] para la publicación correcta de contenido dentro del formato periodístico. En esta sección enseñan cómo grabar, editar y publicar correctamente un vídeo, a hacer fotografías que informen por sí mismas, a redactar una noticia, un reportaje o cómo plantear una entrevista.

A su vez, exhiben una guía para aprovechar al máximo las herramientas de colaboración multimedia que ofrece.

[36] www.bottup.com/Escuela/#axzz22iit14P0

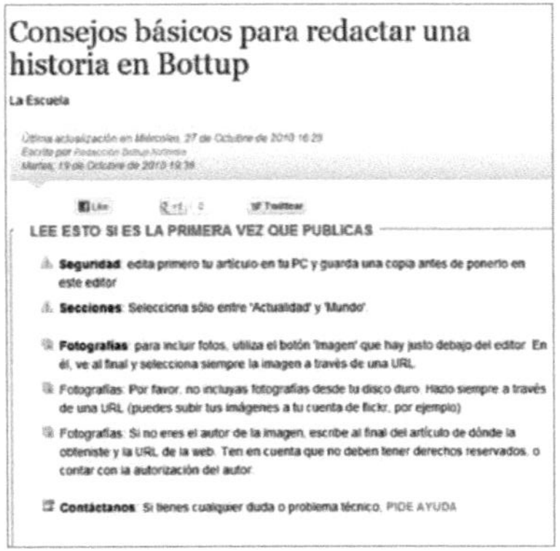

Consejos básicos para redactar una historia en Bottup

La Escuela

Última actualización en Miércoles, 27 de Octubre de 2010 16:29
Escrito por Redacción Bottup Noticias
Martes, 19 de Octubre de 2010 19:38

LEE ESTO SI ES LA PRIMERA VEZ QUE PUBLICAS

**Seguridad**: edita primero tu artículo en tu PC y guarda una copia antes de ponerlo en este editor

**Secciones**: Selecciona sólo entre 'Actualidad' y 'Mundo'

**Fotografías**: para incluir fotos, utiliza el botón 'Imagen' que hay justo debajo del editor. En él, ve al final y selecciona siempre la imagen a través de una URL.

Fotografías: Por favor, no incluyas fotografías desde tu disco duro. Hazlo siempre a través de una URL (puedes subir tus imágenes a tu cuenta de flickr, por ejemplo)

Fotografías: Si no eres el autor de la imagen, escribe al final del artículo de dónde la obteniste y la URL de la web. Ten en cuenta que no deben tener derechos reservados, o contar con la autorización del autor

**Contáctanos**: Si tienes cualquier duda o problema técnico, PIDE AYUDA

Parte de los tutoriales de "La Escuela".

## 2.1. Puntos de encuentro y diferencias entre los sitios analizados

A modo de cierre del análisis de los medios utilizados como núcleo de la investigación, se pueden tomar núcleos temáticos en los que convergen con similitudes o marcan sus diferencias.

En primera instancia en el caso el **alcance y la localidad** de las publicaciones, todos están abiertos a la participación en general usando la herramienta de geologalización. Tanto en **Mendoza Opina** como **Letra Compartida**, tienen influencia provincial y en algunos casos a nivel nacional. **Bottup** y **Ziudad** son casos que posibilitan el acceso de toda España y de otros países de habla hispana como México, Honduras, Argentina, Puerto Rico, entre otros.

En cuanto al **registro**, los cuatro medios solicitan datos de identificación, pero sólo en Mendoza Opina la participación es a través del envío de un mail que no necesariamente reconoce a quien ofrece información. A su vez, el caso de Ziudad es el único que permite sumar prosumidores anónimos, por lo que no se brinda al público ningún dato de los mismos.

Una de las grandes similitudes de los cuatro portales es que todos en algún espacio de sus páginas tienen el ícono de **diálogo** demostrando apertura a la **conversación.** Y esas "charlas" se van estructurando y posicionando según el nivel de **importancia y valor que le otorgan los mismos usuarios o por el avance cronológico de la información.**

En el caso de Letra Compartida y Bottup se permite generar perfiles o carnets de prensa para generar identidades y reconocimiento dentro de la comunidad que participa en los sitios. Así también es constante el incentivo y la invitación a sumarse y ser parte de la ciudadanía activa, de encuentro, debate y comunión.

La **difusión** se hace similarmente a través de cuentas de **Twitter, Facebook, Google +**, pero sólo en el caso de Ziudad, se utiliza la herramienta Menéame, que se explicará en el capítulo 4 dedicado a analizar la "Instancia de Circulación", que permite divulgar y ser valorados o rechazados por otros usuarios.

En cuanto a la **identificación** sólo en Ziudad se publica con un **registro** de tipo anónimo, siendo que en el resto de los medios sólo se puede acceder con un nombre, apellido e e-mail de referencia.

Por último, los accesos y restricciones están claramente indicados en los Términos y condiciones de cada uno de los sitios estudiados. Todos coinciden en que no aceptarán contenidos que inciten a la violencia, que muestren material obsceno, ni que llamen a la discriminación. En el caso de que haya falta de fuentes citadas o que se detecte que se ha compartido información errónea, ofrecen la posibilidad de rectificar, corregir o completar los datos siempre en contacto y consentimiento previo del colaborador ciudadanos.

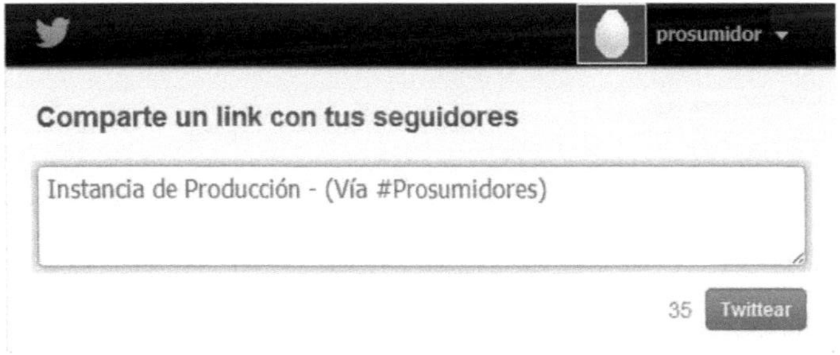

prosumidor

**Comparte un link con tus seguidores**

Instancia de Producción - (Vía #Prosumidores)

35 Twittear

3. Instancia de Emisión

# 3.1. Prosumidores de información periodística y sus tipos

Comentá 390 Tweet Me gusta 37 Enviar +1 0 A+ A-

Además del funcionamiento interno de los sitios, esta tesis se centró en los contenidos periodísticos que prosumen, que emiten, los usuarios. Se lo analizó como un fenómeno que se sustenta en la idea de que, **en la red todos tienen igual potencialidad para comunicarse y que cada uno puede ser su propio medio de difusión.** Desde su casa, desde la calle o una oficina; un teclado o un botón de "Enviar" hace que un simple usuario se convierta en una potencial fuente de información. Se genera aquí un nuevo paradigma en la medida que Internet facilita la publicación como nunca antes, ya no sólo de textos, sino de imágenes, música, animaciones y hasta producciones audiovisuales. Y ese conjunto de formatos tiene un nivel de **accesibilidad simple, inmediato y a costos mínimos.** "El consumidor ya no es un ser pasivo que recibe la información empaquetada por otros. La información ya no circula en paquetes cerrados, sino que

Prosumidor en acción.

en unidades abiertas, flujos que se distribuyen por la red", anuncia Óscar Espiritusanto en su libro *"Periodismo ciudadano. Evolución positiva de la comunicación"*.[37] Además, esas "unidades" pueden ser intervenidas por los mismos prosumidores.

El sociólogo y filósofo Marcelo Urresti enuncia que estos nuevos usuarios trabajan "a modo de cazadores, recolectan y articulan combinando en secuencias no planificadas por la emisión, llegando en el otro extremo al productor casi autónomo, consumidor de lo que produce."[38]

Y esto pueden hacerlo desde el espacio donde tenga accesos y voluntad de compartir qué está ocurriendo a su alrededor. "En cualquier latitud la gente quiere compartir, opinar, buscar y decidir. En última instancia, ejercer el poder, un nuevo poder que es precisamente y el principal cambio que está gestando la revolución horizontal de la comunicación en manos de la gente"[39], afirman por su parte Gonzalo Alonso y Alberto Arébalos en el prólogo de la *"Revolución Horizontal"*. Los usuarios tienen imprentas, programas de televisión y de radio en sus computadoras y a su vez pueden crear comunidades por fuera del poder tradicional de los medios masivos.

Para pensar este planteo en cuanto que el poder informativo se "horizontaliza", es preciso retomar al filósofo francés Michael Foucault cuando señala que existen redes sociales en las cuales el poder circula y que el ejercicio del poder así se ha ido modificando a lo largo de la historia:

"El poder tiene que ser analizado como algo que circula, o más bien, como algo que no funciona sino en cadena. No está nunca localizado aquí o allí, no está nunca en las manos de algunos, no es un atributo como la riqueza o un bien. El poder funciona, se ejercita a través de una organización relacional. Y en sus redes no sólo circulan los individuos, sino que además están siempre en situación de sufrir o de ejercitar ese poder, no son nunca el blanco inerte o conscientes del poder ni son siempre los elementos de conexión. (...) En otros términos, (el poder) transita transversalmente, no está quieto entre los individuos".[40]

Esta caracterización que realiza del autor, es posible trasladarla al análisis acerca del poder de informar; y puede pensarse como algo que circula sin considerar que exista un "lugar" o una profesión para ejercerlo. Se lo concibe como algo disperso, diseminado en la sociedad de tal modo que sería imposible ubicarlo

[37] **ESPÍRITUSANTO Oscar y GONZALO RODRIGUEZ, Paula**. Periodismo ciudadano. Evolución positiva de la comunicación. España, Grupo Telefónica, 2011

[38] **URRESTI, Marcelo.** "Apuntes de Ciberculturas juveniles" en Blog Educación Primaria. Consulta: 6 de julio de 2011. Disponible en: http://bit.ly/NS3WZM

[39] **ALONSO y ARÉBALOS.** Prologo La revolución Horizontal, el poder de la comunicación en manos de la gente. Buenos Aires, Ediciones B, 2009.

[40] **FOUCAULT, Michael.** Microfísica del poder. Madrid, La Piqueta, 1993.

definitivamente en algunas manos y no en otras.

Entonces, la palabra periodismo participado, en términos generales, significa que un prosumidor con una conexión a Internet y un interés por las noticias es capaz y tiene el poder de participar y crear noticias reales. **Es alguien que con su compromiso con la actualidad logra aumentar la conversación y ampliar el alcance de los mensajes que se puedan lograr desde una construcción colectiva.**

## 3.2. Posibles categorías de análisis

Los **prosumidores** particularmente analizados en los portales **Mendoza Opina, Bottup, Ziudad y Letra Compartida**, según un criterio aleatorio de registro por temática y relación de secciones, se han podido dividir en tres grandes clasificaciones:

- Según ***identidad:*** ¿Qué tipos de agentes están participando de la construcción de la información periodística? ¿Cómo se los identifica y clasifica?
- Su forma de ***acción*** en la web: ¿Qué es lo que están haciendo en ella? ¿Cómo participan? ¿Con qué tipo de accesos?
- Su ***producción*** periodística resultante. ¿Cómo están llevando adelante este tipo de colaboración y cuáles son los productos resultantes?

Es preciso aclarar que estas tres grandes categorías no significa que sean núcleos cerrados, sino que son permeables a mezclarse entre sí. Además, ante la ausencia de bibliografía específica que abordara las prácticas de los prosumidores, se crearon estas clasificaciones que permiten explicar su fenómeno de participación.

En cuanto a la **identidad**, en los medios estudiados se pueden evidenciar tres clases de prosumidores:

*Los anónimos:* que son quienes utilizan pseudónimos, nombres falsos y omiten el paso de registro para escudar su identidad ante las publicaciones.

*Los agrupados:* pueden ser organizaciones, instituciones o simplemente un grupo de personas que se han reunido por una causa común de coyuntura y proceden a compartir una información de manera colectiva.

**Ejemplo:** Asamblea San Carlos y su producción audiovisual creada para difundir sus problemáticas barriales y sus propuestas para competir en el presupuesto participativo 2012 de la ciudad de La Plata.

**Asamblea** San Carlos y el presupuesto participativo

Escrito por Asamblea San Carlos

Jueves, 15 de Diciembre de 2011 11:58

Tags: Bruera La Plata Presupuesto Participativo

Compartimos nuestra producción audiovisual. Buscamos solucionar una vieja problemática en nuestro barrio. Necesitamos el ensanche de la avenida 38. El Proyecto de la Asamblea San Carlos en el Presupuesto Participativo 2011/2012 es el 684. Para acompañarnos votanos el sábado 17 y el domingo 18 votanos en la Escuela 71, de calle 140 entre 48 y 50.

*Izquierda.* Nota Asamblea San Carlos.
*Derecha.* Carnet de prensa en Bottup.

*Individuos identificables:* realizan publicaciones a partir de un registro formal, con datos comprobables, como mail y DNI, comprometiéndose completamente de lo que publican en el sitio.

**Ejemplo:** Carnet de prensa creado en Bottup con la identidad de Favián Estrada Vergel.

Portada Redacción Bar Mundo Comunidad

Mi carnet de prensa

Carnet de prensa de Favián Estrada Vergel (Favián Estrada Vergel)

Estoy...

**Favián Estrada Vergel está escribiendo literatura**

Sobre mí: Escritor, ingeniero de alimentos, consultor en planificación territorial. Ecléctico, aspirante a erudito, sibarita, anti-anacoreta, anti-dogmático, anti-cliché, anti-convencionalismo, cinéfilo, melómano, llanerólogo e investigador

Dentro de estas tres clasificaciones, cada tipo de **prosumidor** se lo puede clasificar dentro de estas dos formas distintas de acción participativa:

de manera *Spam* o *meros reproductores de mensajes.*

o *productores de contenido propio.*

El primero se trata de usuarios que **publican a repetición el mismo mensaje** o que en algunos casos **no respetan los códigos y reglas de los soportes digitales.** Otro tipo de **prosumidor** dentro de esta categorización son los que solamente comparten o copian en redes las publicaciones ajenas **sin sumarles ningún contenido o visión propia.**

Por otro lado, el segundo agente observado, **publica información de su autoría y otorga un sentido importante** ya que en los cuatro medios analizados este tipo de participación activa e identificable que es la que resulta más incentiva.

Pero no todos lo hacen de la misma manera, estos últimos prosumidores pueden dividirse en tres géneros según su acción:

Los prosumidores de *escritura llana*, que no utilizan distintos formatos de publicación sino que sólo se centran en la producción de un mensaje en forma escrita. No le dan un orden jerárquico a lo que transmiten, si no que su participación debe ser reelaborada por el periodista profesional que ayuda en la tarea de darle mayor claridad al texto en cuestión.

**Ejemplo:** nota publicada con un simple texto por Pilar García Barcos en Ziudad.

**Difícil acceso a parada bus**

Parada EMT Avda. Aragón frente a Herbolario Navarro: bajas del bus en esta parada y no puedes acceder a la acera, debido a que pegada a la misma se encuentra un seto lineal que bordea el carril bici y, por tanto, se tiene que andar por la calzada hasta encontrar la anchura de acera suficiente para acceder a la misma.

Luego, otra de las posibles clasificaciones son los *literatos* que comparten información a partir de una construcción literaria, apelando a la narración, la poesía o a cualquier otro tipo de producción, que no respete las formas generales de la nota periodística tradicional.

**Ejemplo:** Nota sección Literatura de Letra Compartida escrita por Magaly Fernández.

**Carta de una mujer a otra**

Escrito por: magaly fernandez

**Jueves, 24 de Noviembre de 2011 08:25**

Estoy muy cansada, la verdad es que no tengo hambre y quiero dormir. Dormir y por momentos desearía no despertar... Tengo miedo de la persona que vive conmigo. No es el de antes, no es el chico sencillo y bueno del que un día creo haber estado enamorada. Digo creo porque me parece mentira todo lo que estoy viviendo...

*Arriba.* Reclamo en Ziudad.
*Abajo.* Nota literaria en Letra Compartida.

Por último, aquellos que podrían denominarse *multimedia* porque se caracterizan por enriquecer el contenido de la publicación con una producción multifacética apelando al uso de **enlaces, videos, fotos, mapas, presentaciones**, entre otros, que sean o no producciones propias, le dan mayor complejidad a su colaboración en el medio.

**El tema musical 'Hay que ver' es una muestra de las inquietudes culturales generadas en el entorno de los movimientos indignados aparecidos desde el 15M**



*Izquierda.* Publicación multimedia en Bottup.
*Derecha.* Reclamo geolocalizado en Ziudad.

**Ejemplo**, este usuario de Bottup registrado como Ángel Ruiz Palomares, publica un video editado en imagen y sonido por él mismo en el que homenajea a los "Indignados". Lo publica con un texto de presentación y al final promete mejorar la calidad de su producción e incluso pide colaboración a los demás usuarios para que lo ayuden a lograrlo.

A partir de estos tres tipos de usuarios surge la categoría denominada **producción** entendida como el tipo de publicaciones que priman:

*Reclamos:* con la publicación de quejas sobre infraestructura urbana, injusticias sociales, discriminación, contaminación, falta de organización o atención, entre otros.

Un **ejemplo** de este tipo de participación puede plasmarse en el siguiente llamado de atención asentado por la **prosumidora Sonia Ruiz León en Ziudad:** "Aceras inadaptadas para personas con movilidad reducida". Junto a una foto de una esquina sin subida especial para sillas de ruedas, Sonia Ruíz León presenta su queja ante el ayuntamiento de Palma de Mallorca comentando quiénes tienen impedida la libre circulación en la ciudad.

*Informativa:* se trata de notas en donde se brinda información acerca de algún acontecimiento que haya ocurrido o esté por darse en determinado lugar, día y horario. Para contextualizar y guiar al lector, especialmente los prosumidores multimedia se sirven de fotografías, enlaces, mapas, videos o reseñas.

**Llega la Noche en los Museos 2012**

Escrito por: María Daniela Allegrucci

Viernes, 08 de Junio de 2012 16:59

Tags: Berisso Ensenada La Plata Monumentos Museos Noche De Los Museos

**El próximo 9 y 10 de junio se llevará a cabo una de las jornadas que promueve el arte en la ciudad de La Plata. Se trata de *Una Noche en los Museos*.**

Tras celebrarse el Día Internacional de Los Monumentos y los Sitios, y el Día Internacional de los Museos, el Instituto de la Provincia de Buenos Aires junto al Comité Argentino del ICOMOS (Consejo Internacional de Monumentos y Sitios) invitan al público a recorrer a lo largo de estas jornadas los lugares históricos de La Plata, Berisso y Ensenada

Museo de Ciencias Naturales

Asimismo, partirán servicios gratuitos de combis desde el Teatro Argentino de La Plata (Calle 51 entre 9 y 10) hacia circuitos móviles que unirán los tres

En este caso, María Daniela Allegrucci en su nota "Llega la Noche en los Museos 2012" cuenta de qué se trata una jornada cultural que se da año a año en La Plata aprovechando su espacios museísticos. Se encarga de detallar toda la agenda de actividades, incluye fotografías de lugares destacados del paseo y los ubica en un mapa interactivo.

*Coberturas:* en ellas el ciudadano que asiste a un evento y toma fotografías, filma o captura testimonios tiene la posibilidad de publicar para contar qué y cómo fue el contexto que se vivió.

**¡Griten** más fuerte, hasta desaparecer! Otro aniversario sin López

Escrito por: Lara Haure

Domingo, 19 de Septiembre de 2010 11:33

**En el día de ayer, diferentes agrupaciones se congregaron en las calles céntricas de la ciudad para exigir justicia en el cuarto aniversario de la desaparición de Jorge Julio López, víctima y testigo clave de la última dictadura.**

*Izquierda.* Evento informado en Letra Compartida.
*Derecha.* Evento cubierto y publicado en Letra Compartida.

**Ejemplo:** Una cobertura testimonial y fotográfica de una marcha por el 4to aniversario de la desaparición de Jorge Julio López en La Plata, Argentina: "¡Griten más fuerte, hasta desaparecer! Otro aniversario Sin López". La ciudadana registrada como Lara Haure, actúa como **prosumidora** multimedia al sumar varias fotos propias del evento y realizar una crónica en la que describe cómo fueron sucediendo los hechos.

*Opiniones:* aquí el usuario publica sus puntos de vista, desde sus experiencias de vida, sus conocimientos en ciertas ciencias o su análisis crítico general.

**Ejemplo:** UCR – 3 años tarde y fuera de foco. En medio del clima electoral de 2011, un ciudadano registrado como Carlos Almenara opina acerca de la figura del radicalismo y las repercusiones mediáticas de las apariciones de representantes del partido y su rol político en este contexto.

*Invitaciones:* se trata de convocatorias a eventos artísticos o solidarios, cursos, colectas, presentaciones, entre otros.

Una muestra de este tipo de colaboración es esta nota publicada por Darío Franco Medina quien presenta una colecta para recaudar fondos es pos de ayudar a niños Piel de cristal: Recopilación de tapitas para "Niños piel de cristal". Lo hace a través de la transcripción de una entrevista al director de la Fundación que sería beneficiaria de lo recaudado y linkeando información acerca de la entidad y cómo se podía colaborar.

UCR: tres años tarde y fuera de foco

Recomendar · Twittear · +1

UCRPor Carlos Almenara

**Apareció recientemente en todos los medios la discusión generada durante el último intento de Convención Nacional de la Unión Cívica Radical.** Pudo apreciarse cómo un grupo de militantes tildaba a otro de "gorilas". Cómo Moreau imprecaba a Morales responsabilizándolo de varias cosas, entre otras (luego supimos) hacer "antikirchnerismo bobo".

Hemos visto en redes sociales sentidas afirmaciones del progresismo del radicalismo, lamentándose de su dirigencia.

**Recolección** de Tapitas para "Niños Piel de Cristal" o "Mariposa" en la región

Escrito por Dario Franco Medina

Miércoles, 22 de Diciembre de 2010 12:54

+1 · Twittear · Like · Send · Share

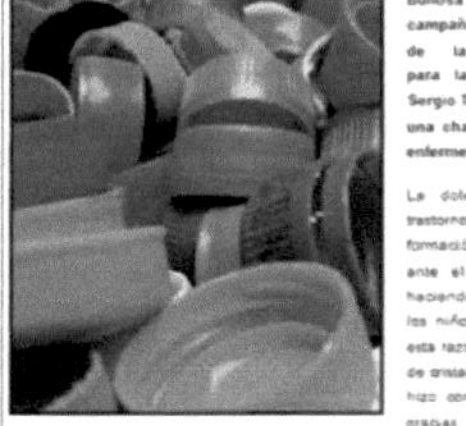

**En la zona existen varios casos de Epidermólisis Ampollar o Epidermólisis Bullosa (EB), por lo que comenzó una campaña para recaudar fondos a través de la recolección de tapas de botellas para la Fundación DEPRA. Al respecto Sergio Trentin, su presidente, llevó adelante una charla informativa sobre esta extraña enfermedad**

La dolencia pertenece a un grupo de trastornos hereditarios caracterizados por la formación de ampollas en piel y mucosas ante el más mínimo roce o traumatismo, haciendo sumamente frágil la piel de los niños que padecen la enfermedad. Por esta razón se los conoce como "niños con piel de cristal" o "piel de mariposa". La afección se hizo conocida a nivel nacional en el 2009 gracias al programa de

*Izquierda.* Nota de opinión publicada en Mendoza Opina.
*Derecha.* Invitación a campaña publicada en Letra Compartida.

*Denuncias:* ante alguna irregularidad que los usuarios detectan buscan divulgar información oculta o reclamar con sustento algún hecho en particular.

**Ejemplo:** Elogio a la sanidad pública. En este caso, Rafael López a través de una crónica de una paciente enferma del corazón, cuenta/denuncia la desatención que sufrió en un hospital privado español y cómo finalmente que bien recibida y cuidada en un nosocomio público. Luego, interpela al estado español para que haga una mayor inversión en este tipo de servicios sanitarios gratuitos para la población.

**Elogio de la sanidad pública**

La historia de Rosita narra las vicisitudes de un ciudadano cualquiera cuando el gobierno decide que la sanidad es un negocio: de la sanidad pública a la concertada

*Propuestas:* los ciudadanos también tienen el acceso libre en los sitios para presentar sus proyectos, ideas y sumar posibles soluciones antes algún reclamo o denuncia que realicen.

**Ejemplo:** Ampliar también horario servicio de la administración pública. En ella un ciudadano anónimo molesto por el poco tiempo en el que se encuentran abiertos los servicios de administración pública, desde una escritura llana, propone ampliar ese horario. La construcción colectiva en este caso, la dinamiza **Ziudad,** ya que busca que el municipio responda a esta inquietud. (Ver respuesta en Capítulo 4. "Instancia de Circulación").

**Ampliar también horario servicios de la administración pública**

*Izquierda.* Denuncia publicada en Bottup.
*Derecha.* Propuesta presentada en Ziudad.

*Historias:* formato utilizado por los literatos para narrar situaciones en forma cronológica al estilo de la crónica periodística, o a través de poesías, punteos e historietas.

**Ejemplo:** Carta de un chico que cobra asignación a uno de clase media. En él, a través de un prosumidor de tipo literato, a propósito del plan argentino "Asignación Universal por Hijo" un niño le habla a otro describiendo acerca de su vida y las diferencias sociales y económicas que ve él entre ambos.

Carta de un chico que cobra Asignación a uno de clase media

**Me dirijo a vos en este día del niño. Seguramente para vos es un día del niño mas, con nuevos regalos; en mi caso es muy distinto, como en pocos casos**

Historia publicada en Mendoza Opina.

## 3.3. ¿De qué están hablando?

Las posibles clasificaciones de los **prosumidores** descriptos en el capítulo anterior, no indican que deban aparecer con publicaciones de manera constante. Incluso, en muchos casos, la participación ciudadana es sólo para casos puntuales. Sin embargo, cada mes se marca cierta tendencia de algunas **temáticas** e **intenciones** de participación. Esas dos clasificaciones fueron los núcleos de búsqueda que derivaron en un muestreo de qué se está hablando en esto espacios de colaboración.

Para registrar estas regularidades, se realizó un seguimiento de las publicaciones hechas por los usuarios. Se tomaron las 74 notas que se subieron a los sitios durante el mes y medio que duró el registro.

Los resultados que fueron obtenidos dan cuenta de que entre las **tendencias temáticas**, priman ejes como **Economía**, sobre todo en los medios de España con publicaciones referidas a la crisis de este país. En ellos también aparecen en reiteradas ocasiones las notas sobre **Política y Sociedad** desde lo informativo y el análisis. Luego, se encuentra un tópico general denominado **"Urbano"** que se ha dividido en **Desperfecto y Discapacidad** que si bien ambos reclaman dificultades en la ciudad, la segunda hace hincapié sobre todo en la falta de accesos y discriminación en ciertos espacios cotidianos de las conglomeraciones. Y finalmente, en menor medida, pero con interesantes producciones, se encuentran **Turismo, Educación, Homenajes,** que generalmente responden a notas de prosumidores literatos que rinden culto a algún personaje o colectivo de personas y **Arte**.

Y por su parte, las **intenciones** corresponden a **opiniones, propuestas, información, reclamos.**

El siguiente muestreo corresponde a los resultados individuales de cada uno de los medios respecto de los dos ejes de análisis tomados. Si bien en el capítulo anterior se enunció que existen otros fines y temáticas de participación, éstos fueron los que aparecieron durante el seguimiento realizado para la estadística.

*Bottup:* priman las notas de **informativas y de opinión** sobre temáticas como **política, economía, sociedad, eventos y arte.**

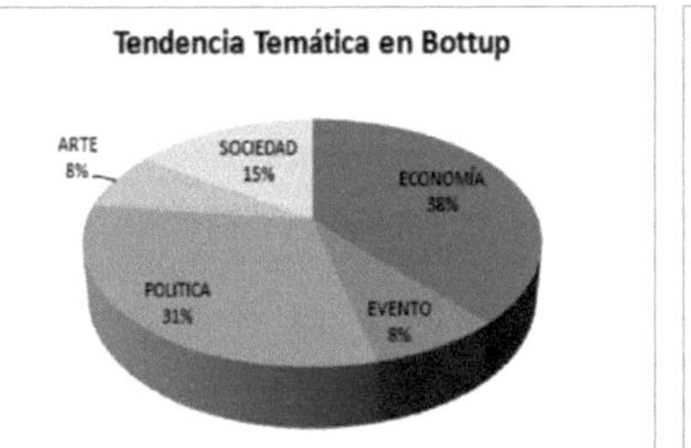


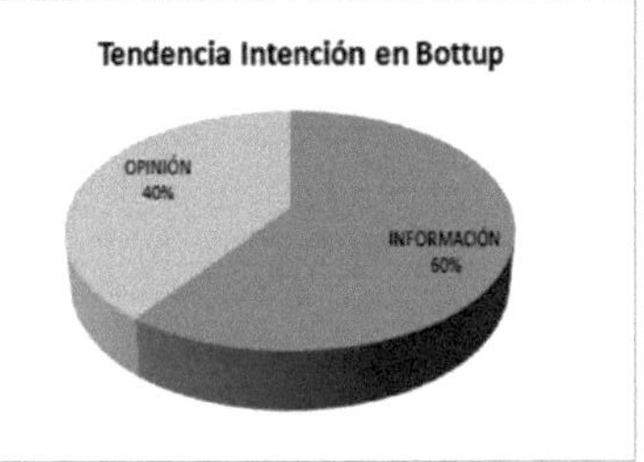


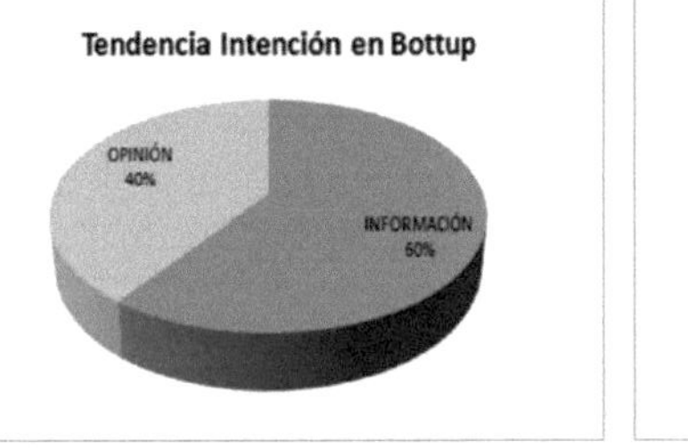

*Letra Compartida:* en este sitio se registran notas de **opinión, reclamos e información** sobre los ejes de **sociedad, educación, arte, política, economía y homenajes.**

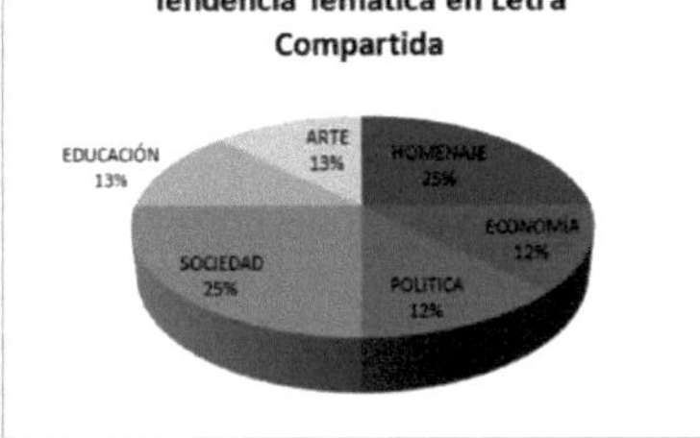

*Mendoza Opina:* en este caso, las intenciones se plantean desde la **opinión**, el **reclamo** y lo **informativo** acerca de temáticas como **política, sociedad, arte, educación, eventos y desperfectos urbanos.**

*Ziudad:* por último en este medio prima el **reclamo**, seguido de la **opiniones**, **propuestas** y **felicitaciones** todos en referencia a temáticas **urbanas**, ya sea por **desperfectos** o dificultades para **discapacitados.**

**Tendencia Temática en Mendoza Opina**

URBANO DESPERFECTO 11%
EVENTO 11%
EDUCACIÓN 11%
ARTE 11%
SOCIEDAD 22%
POLITICA 34%

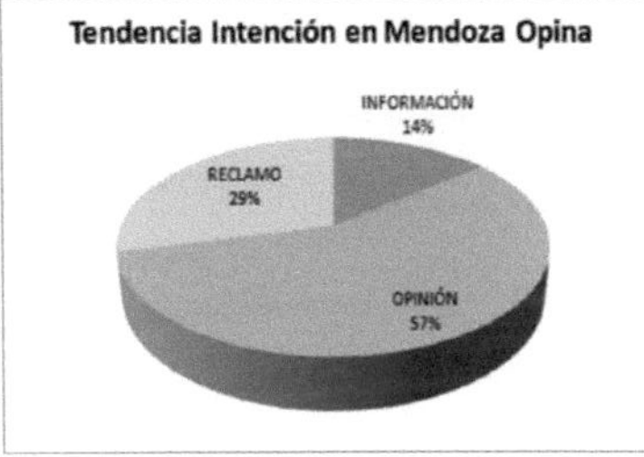
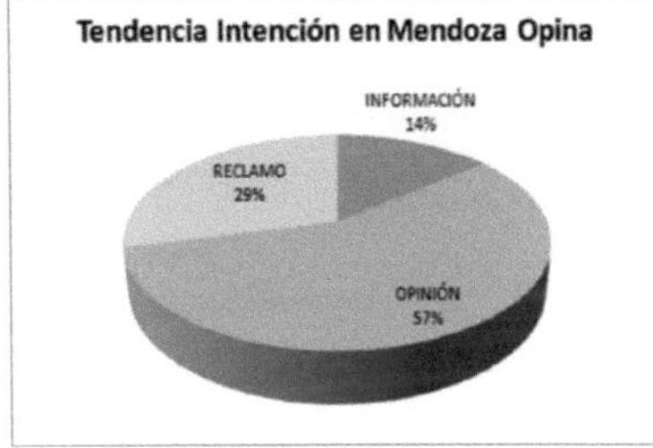


**Tendencia Intención en Ziudad**

PROPUESTA 11%
FELICITACIÓN 5%
OPINIÓN 13%
RECLAMO 71%

Para un análisis más general se hizo una conjunción de los resultados de los cuadro medios. En este primer muestreo (cuadro 1) se encuentra el porcentaje total de aparición dentro de las 74 notas registradas, de las cuales **16 pertenecen a Bottup, 38 a Ziudad, 10 a Mendoza Opina y 10 a Letra Compartida.**

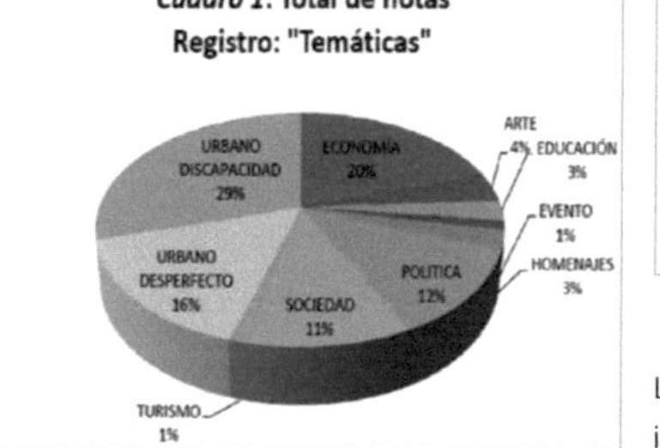


Como el registro temporal no resultó con una cantidad equitativa de notas publicadas por el distinto número de usuarios que participan en cada medio, se tomó el total de las publicadas en **Mendoza Opina** y **Letra Compartida** con las 10 primeras de los sitios restantes. Así se llega a un muestreo a mejor escala (cuadro 2), donde **política, falta de acceso urbano a discapacitados y sociedad** son los temas más destacados.

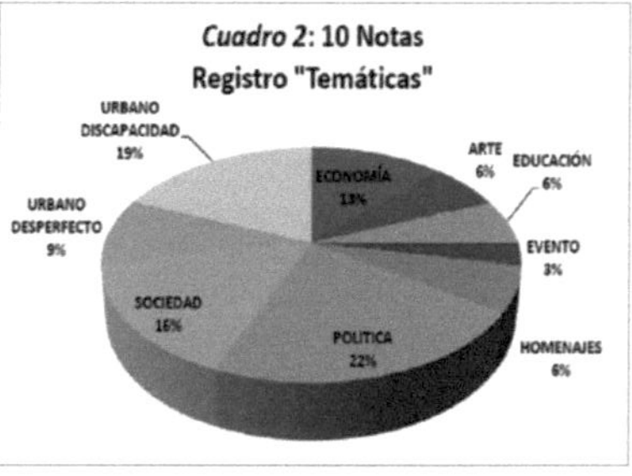


La siguiente clasificación (cuadro 3) se trata de las intenciones, es decir con qué función colabora el total de los usuarios en los cuatro medios registrados. En este primer caso, **reclamar** y expresar **opiniones** son las formas que más repercuten entre las publicaciones.

Al igual que en el caso del cuadro 2, para un mejor muestreo, se tomaron 10 notas de cada uno y se hizo un promedio general que cambia el resultado total que indicaba con un 47% para los reclamos. En esta ocasión

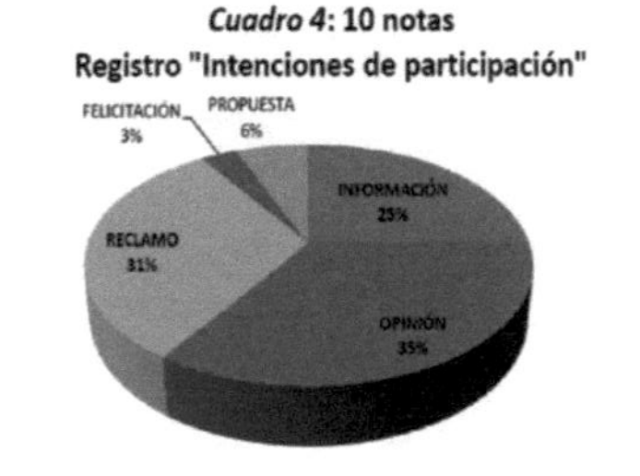


(cuadro 4), al dejar de lado la gran influencia de las notas de **Reclamo** principalmente del portal **Ziudad**, esta vez las **opiniones** son las que priman, seguidas por los **reclamos** y la **información.**

Con la intención de arribar a un porcentaje final, **se tomará como resultado válido el porcentaje resultante de los cuadros 2 y 4 por ser los más equitativos de ambos núcleos de análisis.** Esta elección se debe a que en los medios españoles Bottup y Ziudad hay una gran participación de los miembros de los "Indignados", por lo tanto la intención de reclamo es mucho más fuerte en relación a la reiteración que se da en Argentina. Así, se logra que en el muestreo final no se le quite protagonismo a la demás formas de colaboración.

Entonces se puede arribar a la conclusión esquemática de que en los cuatro medios analizados, mayoritariamente, se está hablando desde la **opinión** y el **reclamo** acerca de temas relacionados con la **vida política, la sociedad y la falta de acceso urbano a discapacitados de cada región.**

Recomendas públicamente esto como Prosumidor

Suma un comenetario

**Instancia de emisión**

Your circles × + Suma más gente

Share

# 4. Instancia de circulación

Una de las acciones más importantes que también hace que los usuarios se conviertan en prosumidores es cuando participan activamente en la **réplica de la información que se haya generado**, es decir su circulación. Aunque el modo de difusión de las notas publicadas en el tipo de sitios analizados no deja de ser similar al de los demás medios digitales, en los que se han registrado, se encuentran otros tipos de incentivos y funcionalidades a la hora de compartir.

Se alienta enérgicamente a la participación en cuanto a comentarios, valoración de notas, votos en estrellas, réplicas en otros medios y redes sociales.

Redes y la circulación de información.

## 4.1. Redes

Los siguientes espacios son los principales núcleos de difusión de la información periodística que se publica en los sitios analizados:

###  Twitter

Twitter es una excelente plataforma para la difusión y viralización de contenidos periodísticos. Es una herramienta de monitorización de fuentes y tendencias que se ha convertido en "el sistema nervioso de las sociedades". Es una de las diez redes sociales más visitadas del mundo según el sitio web Alexa[41] con 500 millones de usuarios que twittean a diario.

Presta servicios con herramientas que permiten lo siguiente:

- Acceso a la publicación de mensajes en 140 caracteres vía web, teléfono móvil, mensajería instantánea o a través del correo electrónico; e incluso desde aplicaciones de terceros, como pueden ser Tweetdeck, Twitterrific, Facebook,

[42] www.alexa.com

Twitterlicious, Twinkle, entre otros.

- Publicación de imágenes, videos y enlaces que aparecen indexados en los *tweets*[42] una vez que fueron subidas a la red.
- Uso de *hashtags*[43] o palabras claves que geolocalizan o identifican temáticas de la información. Ejemplo: #laplata, #tarifas o #ParoNacional.
- Menciones con un "@" (arroba) seguido de un nombre de usuario para referirse o contestar a otros. Ejemplo: @bottup, @ziudad. También se puede hacer "retweet", es decir volver a postear un mensaje de otro usuario, y compartirlo con los propios seguidores. También se pueden usar la función "favoritos" para seleccionar y destacar aquellos mensajes que han gustado o llamado la atención.
- Lista de Trending Toppics que son las diez palabras claves o frases "tendencia" es decir, las más repetidas en un momento concreto en Twitter. Se muestran en el sector izquierdo de página de inicio y los usuarios pueden escoger el país o la localidad de la que quieren conocer la tendencia general de lo que se está hablando.
- Se pueden crear listas de usuarios para clasificar el contenido que se quiera ver en determinado momento. Ejemplo: tener una lista de *"twitteros"*[44] que fotografías de buena calidad.

##  Facebook

Es una red que originalmente se trató de una plataforma donde se creaban comunidades basadas en gente compartiendo sus gustos y sentimientos. Pero la herramienta, hoy con 900 millones de usuarios registrados alrededor de todo el mundo, se fue amoldando a los intereses de los usuarios y sirvió también para crear, emitir y sobre todo hacer circular información en múltiples formatos.

Esto se logra a través de los siguientes accesos:

- Se pueden publicar mensajes de texto, fotos, videos, ubicaciones geográficas de información y encuestas.
- Se ingresan sin límites de caracteres vía web, teléfono móvil o mensajería instantánea.
- A su vez, los usuarios con sólo presionar Me gusta debajo de alguna publicación o página del interior de Facebook, inmediatamente *viralizan*[45] esa

[42] Mensaje publicado en Twitter.

[43] Es una secuencia de caracteres formada por una o varias palabras concatenadas y precedidas por el símbolo numeral (#). Representa un tema clave del que cualquier usuario puede comentar.

[44] Usuarios de Twitter.

[45] Concepto virtual de expansión, difusión y masificación de un mensaje determinado.

información ya que se publica automáticamente en una lista cronológica de noticias de actividades de cada contacto. Esta misma función la cumple la tecla "compartir", sólo que en este caso el prosumidor le puede añadir un mensaje al divulgarlo.

- El espacio donde se actualiza la actividad de cada uno de los perfiles se llama muro de inicio y se va convirtiendo en una especie de diario virtual de los prosumidores de información de toda índole, pero que en varios casos se trata de tipo periodística.
- Se puede agrupar a los *"amigos"*[46] en distintas listas para que en el Inicio aparezca específicamente cierto tipo de información.

##  Google +

Es una red impulsada por la empresa Google en 2011 y hoy cuenta con 100 millones de internautas. Su slogan es "Compartir en Internet como en la vida real" e integra los servicios sociales de la empresa Google, tales como Google Perfiles y Google Buzz, e introduce nuevos servicios como "Círculos", "Carga instantánea" "Intereses" y "Mensajes".

- Usa un formato similar a Facebook ya que se pueden utilizar herramientas como:
- Acceso mensajes sin límites de caracteres vía web, teléfono móvil. Se pueden publicar mensajes de texto, fotos, videos y ubicaciones geográficas de información.
- Toda la información aparece en una página de inicio donde se ubica
- Lo que se modifica es que los usuarios se agrupan en Círculos de intereses y relaciones generando espacios especiales de actualización.
- Existe la posibilidad de realizar una carga instantánea que es específica para dispositivos móviles Android; almacena fotos o vídeo en un álbum privado para compartir en el momento que se crea oportuno.
- Sección Novedades, los usuarios ven las actualizaciones de los de sus círculos es decir, se puede recepcionar y emitir según ciertos intereses previamente seleccionados por el usuario, las novedades pueden ser filtradas para mostrar sólo los mensajes de Círculos específicos que sean de interés.
- Posee un botón llamado "+1" que permite

[46] Contactos de Facebook.

recomendar y compartir artículos hacia el resto de la red.

##  Menéame

Por último, Menéame es un sitio que, de los cuatro portales analizados, lo utiliza sólo ziudad.es. Se trata de una red de noticias publicadas en otros sitios en la que cuando un usuario replica una noticia, ésta pasa a una sección especial denominada "Cola de pendientes" visible para todos los usuarios y desde donde obtiene votos positivos o negativos. Allí las más votadas aparecerán en la portada del sitio.

Cada noticia puede calificarse negativamente por ser:

* Irrelevante
* Antigua
* Sensacionalista
* Spam
* Duplicada
* Errónea
* Copia/Plagio

Si una nota acumula demasiados votos negativos, el mismo sistema la lleva a una cola especial llamada "Cola de descartadas", donde los usuarios pueden seguir comentándola y votándola, e incluso pueden hacerla regresar a la "Cola de pendientes".

Además de las colas de Pendientes y Descartadas, Menéame cuenta con varias herramientas que permiten un mayor seguimiento de las noticias y de la actividad en el sitio:

- Fisgona: es una sección del sitio donde se pueden seguir eventos en tiempo real. Allí se puede votar, hacer publicaciones, descartes y también chatear entre usuarios espectadores.
- Geolocalización: existe un mapa, donde puede verse la localización de las noticias de las últimas 24 h del sitio y Geovisión, que permite ver en ese esquema la actividad de los usuarios de Menéame ubicados por la posición geográfica que cada usuario tiene en su perfil.
- Nótame es una aplicación de mini-apuntes, similar en concepto de Twitter, pensado para agregar pequeñas notas y comentarios relativos al sitio.

## 4.2. ¿Para qué sirven?

En el caso de **Bottup**, en primera instancia se invita a valorar en estrellas del 1 al 5 lo que se encuentra publicado. Luego hay dispuestos accesos directos de links Me Gusta de Facebook, Más de Google +, Retweet de Twitter.

Finalmente, bajo el mensaje "Por favor escribe un comentario" y una plantilla de emoticones solicita: "Escribe sobre el tema del que se trata la noticia. No hagas SPAM- Evita insultos o lenguaje soez."

Un modo de circulación de información a través de sus redes es el caso ya citado de Elogio a la sanidad pública donde los mismos ciudadanos desde Twitter incluyeron información para avalar lo que el autor de la noticia estaba denunciando. Sumaron un caso de negligencia médica en del mismo hospital que se nombraba en la nota. Con la herramienta Storify[47] , que es una red que puede nuclear todo lo dicho al respecto de una palabra clave en los últimos días en Internet, se reconoció que había muchas más gente que evidenciaba y replicaba demás hechos similares. Así, el apoyo o la masividad del reclamo se hizo causa común en pos de elevar un reclamo al sistema de salud estatal de España.

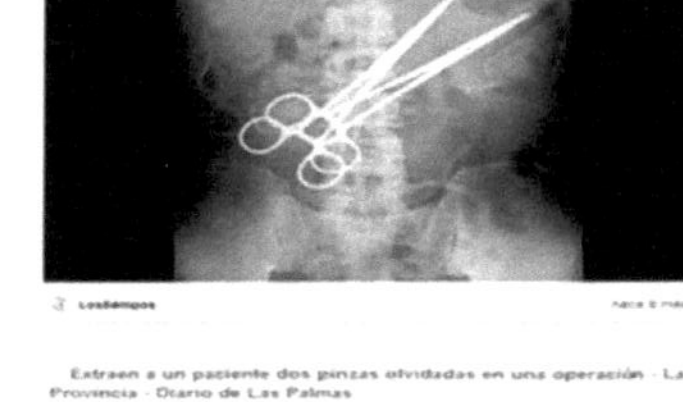

¿Qué Hospital Privado dejó olvidadas dos pinzas en el vientre?

Extraen a un paciente dos pinzas olvidadas en una operación - La Provincia - Diario de Las Palmas

Seguidilla de posteos en relación a la temática publicada en www.bottup.com

[47] http://www.storify.com

Por su parte **Ziudad** convoca a apoyar o rechazar los zumbidos que se hayan generado. Así se aumenta para o disminuye el nivel de ruido que puedan lograr y, como se enunció en el capítulo anterior, el medio así puede solicitar una respuesta al ayuntamiento o a una empresa determinada.

"Sé el primero de tus amigos al que le guste esto" anima el sitio para usar la herramienta "Me gusta" de Facebook, así también para "tweetearlo", "menearlo" en el sitio de micro noticias "Menéame" o enviarlo vía Mail.

De esta forma el mensaje se hace más masivo y logra obtener una respuesta. Un ejemplo de circulación y contestación es el caso de este zumbido de propuesta antes mencionada anteriormente: Ampliar también horario servicio de la administración pública El municipio hace eco de la propuesta y responde a la ciudadana al respecto.

**Respuesta del ayuntamiento de Madrid:**

Respondido el **27.12.2011** a las **11:52h**

Estimado Sr.:
En relación a su sugerencia de fecha 19 de diciembre en la que nos propone que se amplie el horario de atención en la Administración Pública, en primer lugar le rogamos que disculpe las molestias que el servicio recibido le haya podido ocasionar.

En su sugerencia nos comenta que de igual modo que se va a ampliar el horario y días de apertura de los comercios, se amplíen los horarios de los Ayuntamientos y demás servicios de la administración.
En su reclamación no especifica de forma concreta a qué centro o servicio municipal hace referencia. A este respecto le informamos, por ejemplo, que el horario de atención al público en las Oficinas de Atención al ciudadano es de 9 a 17 horas de lunes a jueves y de 9 a 14 horas los viernes y durante el mes de agosto.

Entendemos que este horario, que incluye atención por la tarde y en la hora de la comida, permite, en la mayoría de los casos poder acceder a nuestro servicio presencial. Si este no ha sido el caso, lamentamos las molestias que le haya podido ocasionar. No obstante, le informamos que la línea de trabajo de esta unidad está centrada en intentar que sea mayor el número de trámites que puedan realizarse a través de nuestro servicio de atención telefónica # 010 o a través de nuestra web http://www.madrid.es )

*Izquierda.* Banner de invitación a conexión móvil de www.ziudad.es *Derecha.* Respuesta del Ayuntamiento de Madrid ante una propuesta

**Mendoza Opina** también incita a que se recomiende en Facebook lo que aparece en el sitio, al igual que en Twitter y Google +. Pero en este caso no permite que se realicen comentarios dentro del sitio, sino que es necesario tener una cuenta con sesión iniciada en Facebook para dejar un escribir lo que se desee. Este modo de participación hace que lo que haya comentado el usuario aparezca como "Noticia" en el inicio de esa red social y quede fijada en su propia Biografía o Perfil. Como en el caso del usuario Mario Gaiman que al comentar una nota sobre el aumento de precio en la canasta básica de alimentos en Argentina, lo publica a su vez en su espacio de Facebook y allí suma al debate a los lectores de Mendoza Opina, pero también a sus contactos de esta red social.

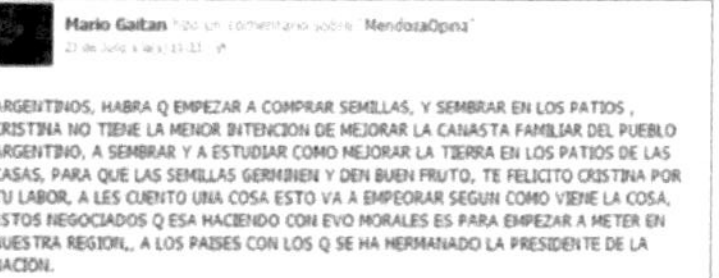

Finalmente, **Letra Compartida** hace una conjunción de todos los elementos de participación de tipo viral que las redes permiten. Suma los comentarios desde la red Facebook, las réplicas de Twitter y Google + y las observaciones en el espacio especial de comentarios de la página en el que se suma la herramienta para calificar de positiva o negativa alguna acotación hecha por otro usuario.

Un caso de gran retroalimentación entre el medio, el prosumidor de una nota y los lectores, también prosumidores, es la convocatoria a participar de la colecta de tapitas anteriormente citada. En ella hubo más de 6.000 visitas, que para un medio de no tanta masividad en La Plata como "El Día" u "Hoy", es un número considerable.

*Izquierda*. Difusión en muro de Facebook a partir de un comentario en el portal de Mendoza Opina. *Derecha*. Retroalimentación y difusión de causa a partir de comentarios en Letra Compartida.

A su vez recibió 9 comentarios dentro de la página donde se demuestra interés en la colecta y se consulta cómo ayudar. Además, fue compartida 82 veces en Facebook y comentada desde ese mismo medio, incluso hasta dos años después de la publicación acerca de cómo continuar ayudando siguió recibiendo consultas.

La participación del mismo medio de comunicación se repite debajo cada comentario. Y se les brinda nueva información posible acerca de dónde pueden hacer nuevas donaciones en distintos puntos del país.

Así, en cada caso se da de una forma similar, la construcción se hace colectiva, la información deja de ser un producto para ser una comunidad y se amplía horizonte que comenzó sólo con un post acerca de buscar la colaboración para una fundación, ampliar el horario de atención de un servicio público o denunciar la realidad de un espacio hospitalario.

Publicar en el perfil
Agregar un comentario
Instancia de circulación
1 de 1 Elegir imagen en miniatura
Sin imagen en miniatura
Enviar un mensaje en lugar de publicar en el perfil
Compartir
Cancelar

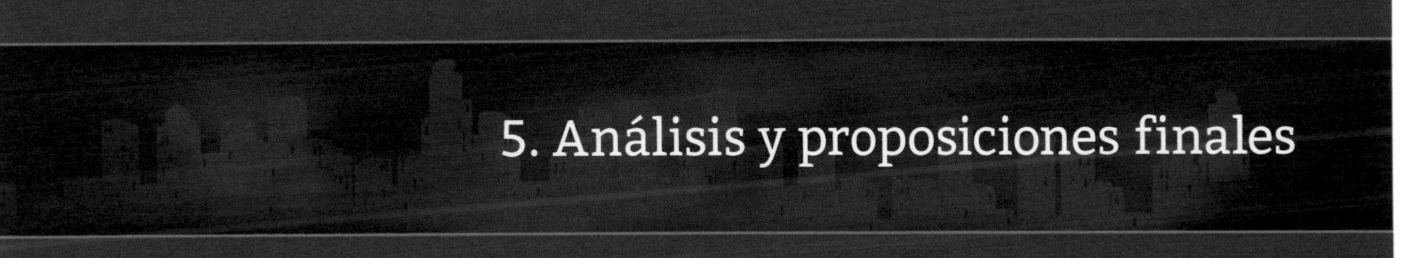

# 5. Análisis y proposiciones finales

# 5.1. ¿Qué producen?

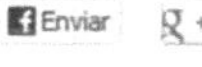

Entonces, qué es lo que se está generando ante este nuevo fenómeno de participación directa, con mayor libertad y oportunidades de comprometerse con distintas causas. ¿Los medios de comunicación y el periodismo se encuentran inmersos en la transformación social propia del avance de la web? ¿O viceversa? ¿Gran parte de las fuentes clásicas serán perturbadas por la inteligencia colectiva servida en tiempo real de cada vez más herramientas tecnológicas?

A pesar de que hay una implicancia y editorialización de parte de los periodistas profesionales que pertenecen a medios de periodismo participado, en este tipo de sitios se rompen las pirámides noticiosas, se infringen el orden y jerarquías de importancia, selección y valor que puede imponer el medio a las noticias. **Ahora son los mismos usuarios los que le dan trascendencia a las noticias, pero incluso también está en sus manos la creación, emisión y circulación de información, y el proceso periodístico pasa a ser compartido.**

**La definición de contenido, en este caso, de tipo periodístico, evoluciona, crece y se amplía, porque comentar una noticia, difundirla con un valor añadido y remezclarla, implica crear justamente un nuevo contenido.**

Aquí el periodista cobra una nueva función: la de ser el custodio de esa información que se difunde desde fuentes que están ganando legitimidad a partir de la participación asidua y con elementos del género periodístico. Incluso a veces, esa data se difunde sólo en las redes personales de los usuarios y es allí donde el cronista puede encontrar y seleccionar primicias o complementos para sus propios informes servido de herramientas como por ejemplo la red Storify. Esta, permite crear historias o líneas de tiempo a través del aporte de lo que se haya publicado acerca de una palabra o frase en medios como

**Twitter ,Facebook, Instangram[48] , Youtube, Flickr[49], notas de diarios o blogs.** Desde ella cada publicación puede ser "arrastrada" hacia una especie de artículo donde se conformará de tweets, fotos, videos o notas. Cada usuario podrá cambiar el orden de los elementos, así como añadir párrafos para ayudar a dar un contexto a los lectores.

Hoy sirve de complemento para los medios ya que permite el ingreso de los prosumidores a sus publicaciones diarias, sobre todo si lo utiliza para la cobertura de noticias en curso como elecciones, reuniones, eventos, movimientos sociales, noticias o para seguir reacciones y conversaciones que se generen en las redes.

Entonces, "la información se convierte en un río compartido que incorpora fragmentos distribuidos elaborados por periodistas y lectores. Y el río convierte en una estructura informativa descentralizada, con archivos en beta, inspirada en la *Wikipedia*[50] (...) Nadie posee el periodismo. Cualquiera puede usarlo. Cualquiera puede mejorarlo. Cualquiera puede hackearlo."[51] Lo mismo ocurrirá con la composición de los relatos, que tomarán nuevas formas híbridas, hechas de fragmentos que antes no podían ser poco integrables.

El mensaje está teniendo una tendencia de tipo coral, distribuyéndose, pudiendo ser modificado, enriquecido y retroalimentado durante todo el ciclo de la comunicación. Incluso el "eco" de una nueva narración colectiva se convertirá en nuevos mensajes.

Y como ha expresado el equipo de redacción de Bottup en una reflexión sobre el derecho a la información, "en esa doble vía habrá un punto de encuentro, de participación conjunta cuyo resultado tiene grandes probabilidades de reflejar mejor esa realidad que se pretende narrar a través de los medios. Se podría llamar 'democracia informativa', porque todos participan de manera eficaz".[52]

A continuación se describirán tres ejemplos contundentes de cómo puede influir positiva o negativamente la participación de los ciudadanos, servidos de tecnología para crear información instantánea, con capacidad de generar conciencia o de ser viralizada parar crear movimientos.

Se retoman con el fin de mostrar en acción a una de las categorías de prosumidores más **"completa" que es** la de los multimedia. Esta caracterización se debe a que los usuarios de este tipo son los que ponen en juego más herramientas tecnológicas de participación de manera conjunta.

---

[48] Es una aplicación para compartir fotos con la que los usuarios pueden aplicar efectos fotográficos como filtros, marcos y colores retro y vintage y compartir las fotografías en diferentes redes sociales como Facebook, Twitter, Tumblr y Flickr. Una característica distintiva es que da una forma cuadrada y redondeada en las puntas a las fotografías en honor a la Kodak Instamatic y las cámaras Polaroid.

[49] Se trata de un sitio web que permites subir, archivar, ordenar, buscar, comentar, vender y compartir fotografías y videos en línea.

[50] Se autodefine como una enciclopedia online, gratis, libre y accesible por todos gracias a la información colaborativa de todos sus usuarios. Permite revisar, escribir y solicitar artículos sobre cualquier temática.

[51] **GUTIERREZ, Bernardo.** Un Manifiesto Postperiodístico en web Clases de Periodismo. Consulta: el 28 de mayo de 2012. Disponible en: http://bit.ly/lucPx4

[52] **EQUIPO de redacción Bottup.** Artículo El derecho a la información requiere una participación colectiva. Consulta: 29 de mayo de 2012. Disponible en: http://bit.ly/LbjRTs

## 5.2. Tres casos de cobertura y creación colectiva

### Atentados en el subterráneo de Londres

Uno de los casos emblemáticos del periodismo ciudadano en acción ha sido la jornada del 7 de julio de 2005 en Londres cuando un grupo de terroristas atentó en el subterráneo local dejando un saldo de 56 fallecidos y 770 heridos. Durante los hechos, las personas que habían quedado atrapadas allí tomaron fotos y videos desde sus teléfonos móviles. Luego, actuando como prosumidores multimedia, subieron ese material a Youtube y *Flickr* para ser vistas por miles de personas incluso antes de que los medios acudieran a cubrir la noticia.

Desde el poder político oficial se ordenó quitarle dramatismo al hecho y que las cadenas de televisión hicieran una cobertura lo menos dramática posible. En las transmisiones no se registraron ni gritos, ni imágenes de sangre, ni rescates, sólo periodistas con ambulancias de fondo. "Pretendimos no crear más angustia de la que ya crea este tipo de episodios", le dijo Javier Farje, de BBC Mundo al diario El Mundo ante la consulta por el tratamiento distante. Es por esa razón que luego se bautizó a estas transmisiones "cobertura blanca" o "imágenes blancas".

Fotografía de un ciudadano en el momento del atentado.

Pero las primeras imágenes y vídeos grabados por los ciudadanos, subidas a las redes, llegaron hasta medios como la BBC, de tal forma que la ciudadanía se convirtió en fuente de información prioritaria para ilustrar los hechos que estaban ocurriendo, en un acto de colaboración comunicativa. Si bien este tipo de participación había sentado un precedente durante y después los hechos del 11 de septiembre de 2001 con el registro ciudadano del atentado a las Torres Gemelas, esta vez el ida y vuelta emisor-receptor dio un giro de 180 grados. **En esta ocasión la audiencia se convirtió en el núcleo emisor de los contenidos en sus propios espacios mediáticos.**

Aquí fueron los mismos afectados los que comenzaron a hacer circular en sus redes las verdaderas imágenes de las explosiones y sus trágicos resultados. Esto hizo que a la mañana siguiente la mayoría de las

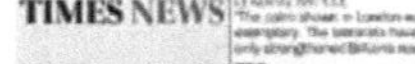

TIMES NEWS

'Then came blackness followed by the smell of flesh, gunpowder and burning rubber'

Tapa Diario Times News. 8 de julio 2005

tapas del mundo New York Times, Washington Post, Daily Mirrow, USA Today, Miami Herald, entre otros hayan usado alguna de las imágenes tomadas desde celulares, que incluso, resultaron ser los únicos documentos registrales del atentado.

## Our life in the D

Un ejemplo de la utilización de herramientas de participación con fines sociales es el caso de "Our Life in the D" o "Nuestra vida en el D". Se trata de un proyecto de capacitación y participación activa dirigido a los estudiantes de secundaria de Detroit, Estados Unidos. En él participan periodistas profesionales con el fin de coordinar el uso de las herramientas tecnologías y el leguaje periodístico para lograr que los jóvenes asuman un rol proactivo como usuarios de la Internet y puedan informar aquello que sucede en sus barrios o colegios.

Es un medio ciudadano que busca mostrar otra forma de mirar a la actualidad desde lo hiperlocal en el que los alumnos son protagonistas a través de una visión que trata de influir en su comunidad e incluso en su entorno político-social.

En su web www.ourlifeinthed.com anuncian: "Nuestra vida en el D dará a las familias, los responsables políticos, líderes empresariales, medios de comunicación y líderes de la comunidad **una nueva perspectiva desde la cual ver los debates actuales sobre la educación, la salud, la economía, la política y otros temas de interés para nosotros en los niveles local, estatal y federal."**

El proyecto intenta darle voz a los jóvenes para motivar cambios en sus entornos próximos dándoles lugar a convertirse en ciudadanos activos e informados del rol que juegan en sus vidas las políticas de sus gobernantes para poder así influir en su entorno.

Video online en Youtube hecho por los alumnos contra la violencia escolar.

Uno de los productos que ha surgido en este proceso de construcción colectiva de prosumidores multimedia en "Nuestra vida en el D" son los vídeos para concientizar sobre cómo afecta diariamente el acoso escolar a miles de estudiantes, hecho que incluso se ha convertido en una importante causa de deserción escolar en los Estado Unidos.

## #Yosoy132

#Yosoy132 es el hashtag que unifica e identifica un movimiento de jóvenes universitarios mexicanos en una embestida virtual y luego callejera contra los medios tradicionales de ese país encabezados por Televisa.

La corriente surgió en un contexto pre–electoral por la presidencia, donde las redes sociales, sobre todo en Twitter se vieron afectadas por algunos candidatos, con la compra de seguidores y la creación de cuentas fantasmas abultar comentarios convertirlos en tendencia para simular popularidad mediática. Pero el hecho contundente para el levantamiento juvenil fue la visita del candidato del partido del "PRI" Enrique Peña Nieto a la Universidad Iberoamericana, quien iba liderando las encuestas, y para los ciudadanos era el que contaba con el apoyo de los medios más importantes de México, como Televisa y Milenio, así como de algunos diarios entre éstos los del grupo Organización Editorial Mexicana.

En esa Universidad fue recibido con abucheos por parte un nutrido grupo de estudiantes, que también se encargaron de filmar los episodios desde dispositivos móviles.

Todo hubiera sido un hecho anecdótico, si el multimedio Televisa junto con los principales diarios locales al transmitir el evento no hubiera titulado "Éxito de Peña en la Ibero". Tampoco si se le hubiera dado voz a los estudiantes que fueron parte de los hechos y si se hubiera hecho foco sólo en las pancartas del partido del opositor Andrés Manuel López Obrador.

México es un país donde la TV está en manos de sólo dos grandes grupos, no hay pluralidad, ni diversidad de voces. Por eso, a partir esa cobertura desde una cámara digital, 131 estudiantes del la Iberoamericana usaron las redes para desmentir masivamente la versión errónea y sumar un video[53] subido a YouTube su credencial y número de matrícula. Hicieron hincapié en que eran ellos los estudiantes que habían abucheado al candidato. A su vez comenzaron a exigir información veraz, bandera del movimiento de allí en más.

*Izquierda*. Tapas de diarios mexicanos con titulares tergiversados sobre Peña Nieto.

*Derecha*. Video de la iniciativa #yosoy132

53 http://www.youtube.com/watch?v=cT5E3SqAHKI

El video tuvo miles de visitas y fue detonante para la organización en la red de una protesta frente a las instalaciones de Televisa y marchas concurridas a las que se unieron estudiantes de otras universidades públicas y privadas en contra del candidato del PRI. El nombre **#Yosoy132 significa que además de los 131 alumnos de la "Ibero", ese miembro restante simboliza las adhesiones a la demanda general por del derecho a la información.**

Consignas de las manifestaciones de la agrupación.

"La lección es que a los jóvenes conectados y educados también les interesa la vida pública y se involucran en ella a través de las redes, ni más ni menos. De las redes pasaron a la calle, ahora deben pasar a las propuestas y evitar ser manipulados para conservar su carácter joven y ciudadano (...) no es una anécdota de jovencitos que juegan con Twitter"[54], resume la máster en periodismo digital Ester Vargas en su medio clasesdeperiodismo.com.

[54] **VARGAS, ESTHER.** Claves del #Yosoy132, una protesta contra Televisa y el derecho a la información. Consulta el 1 de junio de 2012. Disponible en: http://bit.ly/K4Hku2

## 5.3. ¿Y el periodismo?

> *"No hay que ser periodista para hacer este trabajo, pero el profesional de la información maneja habilidades para hacer esto de forma eficaz, del mismo modo que un cocinero sabría abrir mi nevera y para mi pasmo hacer una crema maravillosa con las cuatro cosas que tengo".*
>
> *Luis Sánchez* [55]

En esta vorágine de información periodística circulando en manos de muchos, para su producción y consumo en redes y medios de periodismo participado, es necesario indagar sobre el rol que cumplen los periodistas, los antiguos "propietarios" de la palabra periodística. **¿Es el fin de la profesión tal como era reconocida en otros tiempos? ¿Será necesaria una reconfiguración de los medios a la hora de informar? ¿Están surgiendo nuevas fuentes? ¿Se están marcando otras agendas y escenarios diferentes donde fluyen los hechos periodísticos?** La información que los prosumidores crean y hacen circular **¿de qué manera debe ser valorada?**

Todas estas preguntas no pueden ser contestadas de forma cerrada y acabada, porque las prácticas y los usos varían sin premeditarse; todo es cambiante, contingente y complejo como para pensarse linealmente. Pero se pueden abrir nuevos debates, nuevas propuestas a partir de las tendencias que vienen surgiendo entre todo lo señalado a lo largo de esta tesis.

Entonces, la figura del periodista que debe ponerse en discusión es la de aquel que era capaz de elaborar información veraz, rigurosa, contrastada y contextualizada para explicar la realidad al público y, sobre todo, ser custodio del poder. Antes, todo esto lo hacía sirviéndose de cables, entrevistas, datos numéricos, fotografías, entre otros, pero eran fuentes siempre perseguidas por ellos mismos. **Hoy, esos datos noticiables están yendo a los medios. A través de la participación comienzan a construirse en "cadena colaborativa", sin necesaria intervención de los periodistas.** Son los prosumidores, en su rol de productores de información, con sus distintas clasificaciones y sus respectivos formatos de presentación ya descriptos, los que están generando e instalando temáticas. Un ejemplo de ello es cuando los usuarios de Twitter crean un trending topping, que luego es tomado

[55] **SANCHEZ, Juan Luis.** "Reporterismo multimedia y periodismo participado". El futuro del periodismo. EVOCA Cuaderno de Comunicación Madrid, Editorial Evoca, 2012.

por otros medios masivos para ser instalado en la agenda como algo creado en las redes sociales. Este sistema de retroalimentación es el que hace que los reporteros estén inmersos además en un flujo de datos que ingresan constantemente por distintas vías. Entonces, la tarea del chequeo cada vez se hace más compleja y surgen las siguientes cuestiones: **¿qué y cómo se debe publicar? ¿qué no? y ¿bajo qué criterios? ¿con qué autoría?**

Aquí entra en juego lo que se conoce, según la semióloga Lucrecia Escudero, como el "contrato mediático", que lo trabaja en "¿Quién es el autor de las noticias? Acerca del contrato mediático de la información",[56] como un acuerdo existente entre lectores y medios por el cual, a priori, el lector cree que va a encontrar verdades en el medio que va elegir y, a posteriori va a poder verificar la información recibida con las herramientas que el medio le brindará. Por lo tanto, el poder otorgado contractualmente al periodista será desvanecido si hay una pérdida de la credibilidad.

Pero **¿qué ocurre cuando ese medio lo hacen también otros agentes con la misma capacidad de prosumir?** El prestigio con el que contaban los periodistas clásicos eran ciertas pertinencias: su credibilidad por trabajar en determinado medio, ya sea por su línea editorial o su veracidad informativa, por su trayectoria y profesionalidad con reconocimiento como agente que posee el conocimiento de datos confiables de actualidad.

Además, el profesional de los medios, debía proseguir con la lealtad ante los ciudadanos siendo independiente de los hechos y de las personas sobre los que informaba y tenía que tener una rigurosa disciplina de **verificación y contextualización.** A su vez tenía que servir como un **vigilante independiente del poder** a la vez de dar lugar pluralista a las críticas.

Pero hoy, cuando al hablar de prestigio o credibilidad quizás corresponda fundamentalmente a aquel que tenga más **habilidad comunicativa** al conjugar de manera más estratégica, creativa y atractiva los elementos que tenga a su alcance para que una historia sea creíble, entendible y, fundamentalmente, vinculable con más información.

Esto sin dejar de lado lo postulado por Kovach y Rosenstiel también en *"Los elementos del periodismo"*[57]: "los profesionales deben tener derecho a ejercer lo que les dicta su conciencia y tienen una responsabilidad con su propia conciencia. La cultura de honestidad e integridad personal es lo que le da al periodista su más importante capital: la credibilidad y confianza de la gente."

Un punto que entra entonces en juego aquí, en la

[56] **ESCUDERO, Lucrecia.** ¿Quién es el autor de las noticias. Acerca del contrato mediático de la información en Revista Sociedad, No. 11, Buenos Aires, 1997.

[57] **KOVACH Bill y ROSENSTIEL Tom.** "Los elementos del periodismo" Madrid, Ed. El País, 2003

reflexión o debate acerca de la figura de los periodistas en este presente de la información participada, es la cuestión de la **ética profesional.** Dentro de este eje, el comunicador deberá ser cada vez más en cauteloso con ciertas líneas procedimentales a la hora de permitir que se haga pública una noticia. Así mediará la vorágine informativa, y permitirá la libre producción y circulación de datos periodísticos emitidos por los prosumidores.

Esas reglas básicas para incurrir dentro de los márgenes de la ética periodística son: el buen gusto; evitar la morbosidad; contar con un léxico rico, cultivado y respetuoso. A su vez, publicar fotografías y videos exactos, fieles a la realidad; no plagiar trabajos existentes, respetar tiempos y órdenes legales y responder al interés público, nunca a objetivos sectoriales ni personales.

## 5.3.1. ¿Nuevas definiciones?

Además de la irrupción de estos nuevos agentes informativos, hoy los medios de comunicación tradicional como la prensa escrita se encuentran en una tendencia casi apocalíptica: hay escasa inversión publicitaria o las ventas decrecen, hecho que ha generado que algunos hayan decidido pasar definitivamente a desempeñarse con tecnología digital. Pero para llevar adelante esos nuevos emprendimientos, deberán tener quizás muy en cuenta palabras como las del filósofo y sociólogo Jean Baudrillard dichas en su trabajo *"Requiem para los medios"*[58]. En él enuncia que un buen medio es aquel que brinda una transmisión inmediata, dada y recibida, pero a su vez hablada y respondida, móvil en el mismo **espacio y tiempo, recíproca y antagonista.**

Herramientas al alcance del posperiodista.

Entonces la definición de periodismo y la de los espacios de difusión en los que sus profesionales se desempeñan puede que deba ser repensada. **Es posible pensar en la redefinición y hablar de un "posperiodismo". Pero, ¿qué implicaría?**

[58] BAUDRILLARD, Jean. Requiem para los medios. Consulta: 4 de abril de 2012. Disponible en: http://bit.ly/KGnSmi

En primera instancia, el proceso informativo en el que están inmersos deberá pasar a ser algo compartido, donde los periodistas incluyan al público en la elaboración del contenido. Lo pueden hacer sumando las publicaciones que encuentren en blogs, plataformas de vídeo o de fotografías, archivos de audio y publicaciones en redes sociales, entre otras.

Entonces así, la definición de contenido también evoluciona, crece, se multiplica. Porque a lo publicado se lo puede volver a comentar, difundir y en definitiva agregar aún más implicancia. Aquí, este tipo de edición pasa a considerarse una forma de crear nuevos autores. Incluso, como se enunció anteriormente, la adhesión con un "Me gusta" en Facebook o un Retweet en Twitter son también formas de prosumir.

La figura del mencionado "posperiodista" cumplirá el rol de "administrador" de esos flujos informativos de los que se podrá servir. Deberá entonces, como tarea principal, seleccionar aquello que crea relevante y realmente verificable. Además, esa ola de información editable será la base de la subsistencia de la profesión. Sin embargo tendrá que considerar que la información ya no es un producto suyo sino algo hecho en comunidad, por la inteligencia colectiva de una sociedad cada vez más servida de herramientas para ganarle, por la inmediatez, a las fuentes clásicas de los antiguos periodistas. Dentro de esa masividad, la demanda del público también se ha acrecentado, la información debe fluir en tiempo record para mantener su actualidad y contenido.

Y esa data entrará en circulación en forma "coral", emprendiendo un camino en donde el mensaje podrá ser modificado, enriquecido, retroalimentado y hasta incluso omitido durante todo el ciclo de la comunicación.

También se puede agregar o proponer que la figura del periodista que presta especial atención a la información de los prosumidores tiene cada vez más posibilidades de acercarse al periodismo social. ¿Qué significa esto?, es ser capaces de asumir responsabilidad en los procesos sociales, ser parte del análisis del devenir social y ser proactivo, si se da la oportunidad, en la búsqueda de soluciones que estén a su alcance.

Mientras que el comunicador siga respondiendo sólo a intereses de líneas editoriales, va a continuar perdiendo credibilidad ante un público con acceso tecnológico a exponer críticas y retrucar de manera inmediata con nueva información, con capacidad de tener alcances espacio-temporales cada vez más amplios. **Deberá horizontalizar lo que publica y mostrarse como**

**un actor social de peso representando también su voz como humano y ciudadano comprometido con las distintas realidades.** Además es primordial que sume esas fuentes antes silenciadas o limitadas a breves entrevistas, abriendo un diálogo que permita encontrar soluciones sustentables para problemáticas que a veces necesitan de la ayuda de la masividad mediática o al menos la de trascender el espacio barrial, asociativo, organizacional, entre otros.

Tomando herramientas del periodismo social pueden lograrse **nuevos enfoques y nuevas lógicas** para no quedarse sólo en las denuncias o el planteo del problema, sino que puede involucrarse y usar las herramientas al alcance para ser parte de la solución. Es decir, puede, por ejemplo, contactar entidades de la sociedad civil que traten ciertas temáticas donde se entreviste a sus distintos agentes, ponerlos en comunión, generar líneas de acción contingentes para aportar soluciones necesarias e incentivar nuevas tareas. A su vez, podrá ser el encargado de colaborar en los nexos y la difusión de datos efectivos, incitando a la retroalimentación con opiniones, aceptación, negación debate y nuevos aportes.

En este sentido y con estos intereses se vienen llevando adelante los cuatro medios que han sido analizados. Por eso contienen secciones como **"medio ambiente" o "ecología", "historias ciudadanas", "organizados", "cambio climático" "reclamos" y "propuestas".** Todos, desde sus contextos, están trabajando con interés periodístico las realidades de sus países y localidades, más allá de lo que la agenda de la política o la economía vaya marcando en cada lugar.

Son alternativas, nuevas voces que los mismos ciudadanos y sus organizaciones traen a cuenta y están comenzando a ser escuchados en diferentes espacios. Por eso, en esta reflexión acerca de la profesión, no es en vano pensar en esta nueva forma de mirar y trasmitir para los periodistas.

Pero, aquí es necesario que surja una advertencia: no es trascendente que se incite a la colaboración y al aporte de nuevas temáticas, sino se les va a dar entidad. Esto quiere decir que de nada sirve llamar a la participación con incentivos como **"sé el primero de tus amigos en comentar", "contesta nuestra encuesta haciendo clic aquí", "¿vos que opinás?"** si de ello no va haber una retroalimentación, un ida y vuelta. En algunos casos no sirve ser el comentario número 345 de una nota publicada o un video subido a la red. Banalizar la conversación puede llegar a ser un error que hará que

**Kony 2012** se volvió un "ciberacontecimiento" porque fue uno de los videos de Youtube más visto de la historia de Internet. Su denuncia, su calidad de imagen, sus fuentes, su emotividad, fueron componentes claves, pero finalmente su contenido no resultó del todo cierto. Se trató de un documental publicado por una organización llamada Invisible Children, con el objetivo de denunciar y perseguir a Joseph Kony, el principal dirigente de un grupo guerrillero paramilitar denominado Ejército de Resistencia del Señor, acusado de secuestrar y reclutar niños de Uganda para flagelarlos y obligarlos a convertirse en soldados o sirvientes.

El film documentaba los planes, hechos y esfuerzos de la organización para conseguir el arresto del líder describiendo a su vez las atrocidades llevadas a cabo por el Ejército de Kony. Pero uno de los "planes" principales para combatirlo era pedir al público que comprara por 30 dólares su 'kit del activista', que contenía pósters, una pulsera, una camiseta, una 'guía de acción', pegatinas y una patente. (Continúa)

[59] Video "Kony 2012". Consultado el 28 de agosto de 2012. Disponible en: http://www.youtube.com/watch?v=R1Q960kPZ7Q

ese usuario crea que su aporte no es valioso y logre que no vuelva a participar nunca más.

**La colaboración deber ser entendida como un proceso que modifique algo, que transforme, que genera un resultado y que haga que algo sea distinto a lo que era.** Así como lo fue el video aportado por los estudiantes que gestaron el #yosoy132, que queriendo difundir una realidad, generaron un movimiento joven que quizás marque un precedente en la historia mediática y juvenil de ese país. Pero no fueron solamente ellos los protagonistas sino que también hubo medios y periodistas, que podrían enmarcarse dentro lo que se ha definido como posperiodismo, porque usaron sus canales de difusión sean portales, redes, blogs y radios para ayudar a masificar el mensaje.

Igualmente, tampoco es necesaria la masificación a grandes escalas, desde el alcance a una esfera micropública un reclamo de una organización barrial que logren una respuesta municipal, es tan valedera como el anterior ejemplo.

### 5.3.2. Construir la credibilidad

Los profesionales dedicados al periodismo tendrán que desarrollar de manera colectiva **nuevos estándares de confianza y verificación.** Los criterios de comprobación de fuentes que surgen a partir de la participación de los prosumidores serán los mismos que si se tratara de los aportes tradicionales, pero tendrá que haber un aumento de la cautela en cuanto a qué información se le dará lugar. Es decir, es sumamente válido hacer públicas otras y nuevas voces, pero si participan, la pauta deberá ser que sumen elementos capaces de identificarse como ciertos y que no violen la propiedad intelectual de otros.

Hoy, en la red, es el profesional quien tiene la mayor cantidad de herramientas para discriminar qué es lo verdadero y qué no. Por ejemplo, han existido casos en los que publicaciones de prosumidores con todos los factores de noticiabilidad posibles, han resultado desestimadas por terminar siendo información errónea o falsa. Uno caso de ellos fue el producto audiovisual llamado KONY 2012"[59]

En este caso el periodismo tuvo que ser muy perspicaz para no publicar como cierto un video con tanta

Además, se quería involucrar a veinte famosos para que éstos difundieran aún más el mensaje. Pero finalmente, además del sesgo Hollywoodense, el vídeo dio una imagen errónea de la realidad. Joseph Kony y su gente ya no están presentes en Uganda desde 2006 y ya desde antes la milicia existe en forma de pequeñas unidades autónomas y repartidas por la jungla en un área entre Sudán del Sur. La cifra de los 30.000 niños que plantea "KONY 2012" sería el total de secuestrados desde 1987 que, sin quitarle importancia al los raptos, muchos de ellos fueron liberados o se escaparon a las pocas horas de su captura.

El video anuncia entonces un dramático panorama en el norte de Uganda, sin embargo, desde que el grupo paramilitar abandonó el lugar, todo ha ido recuperándose y la casi totalidad de las personas que habían sido desplazadas por la violencia han regresado ya a sus hogares.

repercusión y adhesión. **Hoy, el profesional debe reunir y confrontar todas las voces, investigar y escuchar. Todo ello en una plataforma interactiva que es más que un periódico porque se puede lograr aún mejor información enlazando esas fuentes, datos y documentos que comprueben lo que se informe, dándole espacio a que amplíe la información si lo desea.**

También, otra herramienta que se puede utilizar es publicar una nota bajo la absoluta autoría y responsabilidad del ciudadano. Así deja "vía libre" para que la información, como el proceso con el que se ha conformado Wikipedia, pueda ser editada en línea o refutada visiblemente sin involucrar la credibilidad del medio o los periodistas que lo integran.

En medio de la tendiente migración del periodismo analógico al digital, el planteo siguiente es reconocer qué formatos **deberá tomar el posperiodista para continuar su tarea de manera ágil, creíble y contundente.** Los elementos multimedia son fundamentales y su función ya no es sólo la de comunicar o contar una historia, sino que es la de ser un coordinador de interacciones. **Entonces, la nueva tarea comienza a ser la de encontrar lo valioso en los mares de datos y, hacer una buena selección de fuentes será una garantía para su público.**

La agenda se vuelve menos rígida, sólo deberá reseñar los temas más trascendentes y el resto dependerá de lo que ocurra en el día. Todo se publica según ocurre cronológicamente y no existe el cierre de las ediciones. Además con la aparición de los prosumidores, el profesional tendrá que estar abierto a posibles correcciones o críticas que reciba. Incluso existen sitios como Fixmedia.org[60] en donde los usuarios están invitados a "mejorar las noticias" que se publican en los medios, identificando errores o vacíos de información.

Además, los medios sociales dan lugar a humanizar la figura de los periodistas, antes incuestionables, pero ahora no estarán exentos de pedir disculpas en un blog o su Twitter, ni modificar una publicación si esta lo requiere, ni reconocer que hay miembros del público que saben más que ellos sobre determinada temática.

Incluso el conjunto de normas para el diseño y la redacción de documentos en cuanto a las formas de contar, las tipografías, los colores y las disposiciones no podrán ser fijas.

**Con prosumidores en su rol de productores de información, colaborando en distintos formatos, habrá infinitos modos de compartir información.**

60 http://www.fixmedia.orgv=R1Q960kPZ7Q

### 5.3.3. Legalidad: fuentes, contenidos e información

Pero en medio de esta libertad y la inmensidad de información circulante, es necesario hacer mención de propuestas legales impulsadas desde Estados Unidos que impedirían la viralización de datos en web sin un adecuado **respeto por los derechos de autor**. Se trata de los proyectos de ley **SOPA**[61], **PIPA**[62] y **OPEN**[63] las cuales buscan reducir la piratería en línea bloqueando, censurando y recortando las fuentes de ingresos de las páginas que violen la propiedad intelectual. Si bien se trata de iniciativas norteamericanas, gran parte de sus posibles cambios repercutirían en el resto del mundo ya que muchos de los sitios involucrados son los principales servidores del resto.

Igualmente, hasta el momento ninguna de las tres leyes fueron aprobadas, pero hubo recientemente un hecho que sentó precedente: la aplicación de la legislación **"Digital Millenium Copyright Act"**, que desde 1998 contaba con la capacidad de retirar material ilegal en línea, hecho que habilitó a generar en enero 2012 el cierre y detención de los fundadores y trabajadores de Megaupload, un sitio que facilitaba la compartir materiales protegidos por el derecho de autor.

En respuesta a esta medida, los *hacktivistas*[64] del grupo virtual Anonymous, llevaron a cabo el mayor ataque cibernético que se haya registrado al intervenir páginas como la de la Casa Blanca, el Departamento de Justicia estadounidense, del FBI; también se vieron perjudicados los sitios de las empresas Universal Music y Sony.

Imagen de la página del FBI intervenida por Anonymous.

Estas iniciativas son quizás una alerta a los usuarios para que si quieren continuar accediendo a una red libre y abierta, es importante generar una cultura de respeto por las industrias protegidas por la propiedad intelectual. **Se trata de bienes y servicios virtuales que tienen un valor y se debe pagar por ellos aunque no se reciban como algo tangible.** Si bien deberían buscarse nuevas formas de generar ganancias, los músicos, autores

[61] Stop Online Piracy Act
[62] Protect IP Act
[63] Online Protection & Enforcement of Digital Trade Act
[64] Término para denominar la conjugación de hackers y activistas.

o cineastas no reciben ingresos por sus creaciones por lo tanto propician un decrecimiento todas sus industrias.

Otro caso que se relaciona con las regulaciones legales en medio del internet libre es el del periodista Julián Assange, señalado como el creador de la organización y sitio web WikiLeaks[65], donde se publicaba a través de informes y documentos exclusivos, contenido sensible en materia de interés público preservando el anonimato de sus fuentes. Llegó a reunir 1,2 millones de cables compartidos por fuentes anónimas, cuyo eje principal era develar comportamientos no éticos por parte de los gobiernos, con énfasis especial en los países que consideraban bajo el poder de regímenes totalitarios. También se involucraron en asuntos relacionados con la religión e importantes empresas de todo el mundo.

En el marco de este movimiento informativo, en agosto de 2010 a Julian Assange se lo acusó de abuso sexual a dos mujeres en Suecia y fue apresado. El caso resultó confuso y se lo vinculó con la negativa ante su labor en la organización, por lo que entre libertades bajo fianzas y extraditaciones a diferentes países de Europa. Actualmente se encuentra en Londres refugiado en la embajada de Ecuador, peligra ser trasladado a Estados Unidos donde buscan juzgarlo por espionaje y traición, hechos por los que podría ser condenado a la pena de muerte.

El caso Assange es un precedente, WikiLeaks en ningún caso citó fuentes de información, hecho que de algún modo rompe con las lógicas claves del periodismo. Además, se hizo público material que podría haber desatado hechos graves de masividad mundial.

Para el nuevo perfil de periodistas dentro de la información participada, en el momento de armar una publicación, su función profesional deberá ser la de convertirse en fundamentales mediadores del orden de lo ético, lo moral, correcto y lo incorrecto para que algo se haga público. **Las lógicas de participación se modificarán, pero no cambiarán los modos de dar aval periodístico para que una noticia tenga entidad.**

El periodismo participado se dará a partir del diálogo y construcción colectiva donde será necesaria una organización central noticiosa que controle el intercambio de información. **Y la conversación es el mecanismo que justamente transformará los roles tradicionales del periodismo y creará una ética dinámica e igualitaria de dar y recibir.**

[65] http://www.wikileaks.org

**Publicar en el perfil**

Agregar un comentario

**Análisis y proposiciones finales**

1 de 1 Elegir imagen en miniatura

Sin imagen en miniatura

Enviar un mensaje en lugar de publicar en el perfil

Compartir Cancelar

# 6. Planteos finales

Este trabajo de tesis tuvo inicialmente preguntas relativas a cómo los prosumidores, productores y consumidores simultáneos de información periodística, forman parte de la **experiencia compartida del periodismo participado** y, en ese caso, qué convivencia existe con la figura del profesional de la comunicación periodística.

Para ello fue puesto en análisis el modo y el tipo de intervención informativa teniendo en cuenta tres instancias cruciales: la producción, emisión y circulación informativa.

En primera medida se ha observado en acción a los agentes que conforman el objeto de estudio, **los prosumidores en su expresión más clara:** en medios de periodismo participado neto porque todo lo que se encuentra en ellos es gracias al aporte de los mismos usuarios.

**Fueron seleccionados cuatro espacios**, dos argentinos y dos españoles, que han sido estudiados a partir de **cómo marcan su identidad, su estructura, su apertura al público y las herramientas que brinda para participar;** lo que ha derivado en que todos tienen ciertos puntos en común a la hora de analizar la **fase de producción** que hacen los prosumidores:

- los **sitios están abiertos a la participación y al diálogo,**
- **son los mismos usuarios quienes van marcando las tendencias y las cronologías de sus estructuras.**
- una de sus principales intenciones también es **generar comunidades entre los ciudadanos que se involucran y participan.**
- ofrecen diferentes **formatos tecnológicos** para lograr una rica participación informativa de parte de los usuarios.
- cuidan que la participación sea responsable respondiendo a términos y condiciones de convivencia y respeto general.

Dentro de este análisis fue de interés reconocer, en un principio, las identidades con las que se manifiestan el tipo de usuarios estudiados en esta clase espacios de participación. Esta etapa corresponde a la **emisión** de los mensajes informativos.

**El estudio derivó en que puede haber tres tipos de prosumidores: anónimos,** que no se identifican con nombre o usan pseudónimos, **agrupados,** participa en masa bajo el nombre de alguna entidad representante o **individuos identificables,** que se registran con nombre y ofrece sus datos de contacto.

Luego, se reconoció que **participaban de dos maneras distintas como "spamers",** con material repetido o plagiado sin nuevos aportes informativos, **o como prosumidores de contenido,** que elaboran un material que aporta información. Y de este último existe una sub-clasificación que se basa en la división entre quienes participan **desde una escritura llana,** texto sin ningún formato agregado **o los que suman una producción multimedial**, información con valor agregado de tipo gráfico o audiovisual.

A su vez, se han detectado determinadas producciones periodísticas como los **reclamos, informativas, coberturas, opiniones, invitaciones, denuncias, propuestas y relatos.** Entre estas, según el seguimiento de los cuatro sitios durante un mes y medio, ha dado cuenta que la mayor cantidad de publicaciones son de **opinión y reclamos,** en su mayoría, sobre temas relacionados con la vida **política, social y como una nueva temática en agenda, la falta de accesos para personas con discapacidad a ciertos espacios de las ciudades.**

Aquí comienza a resolverse la pregunta inicial de esta tesis: ¿cómo están participando los usuarios, servidos de herramientas 2.0, en la creación de información periodística? **La etapa o sección fundamental de este trabajo resulta ser la de circulación** ya que es allí donde todo el contenido que pueda haberse generado, comienza a convertirse en algo "coral", en algo nuevo. Porque como se ha enunciado, una vez que se publican, **las historias se transforman y pueden tomar una vida propia.**

Es en esta instancia cuando el hecho de compartir información en la web puede trascender la pantalla y volverse acción social y cotidiana de la vida real. Hoy, un pequeño comentario, un pedido de ayuda, una convocatoria a sumarse a un proyecto o una denuncia **pueden lograr replicarse hasta modificar o enriquecer alguna realidad.**

Para ello, son útiles las redes sociales más populares como Twitter, Facebook, Google + y en casos particulares también sirve el sitio Menéame. Sin embargo, en algunos casos, también es necesaria la masividad y credibilidad de los medios de comunicación tradicionales junto con la labor del periodismo.

Por lo tanto, a modo de cierre de este trabajo, se pueden plantear como propuesta **que deberá haber una conjunción de las tres figuras:** ciudadanos, periodistas y medios de comunicación de alto o bajo alcance. En esta unión, la información obtenida de los ciudadanos cuando envían una foto, suben un video o escriben una nota con el fin de contar algo con valor periodístico, además de socializarse, deberá ser trasmitida con responsabilidad.

Los usuarios participan con distintas intenciones: **buscar soluciones, comunicarse, organizarse, interactuar, buscar ayuda, opinar** y dentro de la posibilidad de libre expresión para llevar a cabo todo ello, entra en juego la necesidad de pertenecer a un grupo social, que podría denominarse **"ciudadanos activos".**

Entonces, es necesario hacer una caracterización en términos de **identidad colectiva**. Este tipo de usuarios que se han analizado, se pueden dividir en dos grupos: los que suman a la producción y consumo de información como algo natural, propio de las capacidades periodísticas que otorgan las tecnologías, pero no se reconocen como prosumidores. O existen también los más comprometidos, con actitud proactiva de informar, de entender que su participación puede generar algún cambio, servir a otros o darles una identidad virtual que los referencie como fuentes.

Sin embargo en ambos casos, se pudo observar que la acción es individual, sin tener en cuenta que se trata de un proceso de construcción colectiva y que están siendo parte de un conjunto. **Cada uno es parte sin saber de qué espacio específico.**

Si bien no existen núcleos de apropiación donde los prosumidores se vean identificados, lo que los une es el uso de internet 2.0 que necesita ciertos códigos de uso y apropiación. Esto se refiere a que si bien cada uno hace un tipo de participación diferente con particulares apropiaciones de algunos formatos, la mayoría cumple normas como el uso de hashtags, etiquetas, geolocalizaciones, links, "retweets", "me gustas", entre otros.

Sobre este punto, la diferencia entre profesionales y los usuarios en su rol de prosumidores de información, es que estos últimos sea cual sea su arraigo identitario, **participan sólo cuando se les presenta la ocasión y al existir una necesitad u oportunidad clara para hacerlo.**

El profesional de la comunicación periodística, sin embargo, tiene especificidad en otorgar una mirada crítica, contextualizada y responsable de la información. Además tiene la labor de llevar una tarea diaria y constante de recopilación de datos, para su emisión y eventual análisis y contexto comprometido.

No obstante, las olas informativas y en la necesidad de tener la información del minuto a minuto, hacen que esas esporádicas participaciones de los prosumidores puedan ser **herramientas fundamentales para la cobertura de la exigencia informativa hacia los medios de comunicación.**

Entonces, en esta coparticipación de datos, **deberá afianzarse una comunión entre ambos agentes mediáticos, cuya reciprocidad tendrá que ir creciendo de manera visible.** Una figura necesita de la otra, son un complemento, y ambos tienen el mismo poder. Pero quizás el periodista profesional, que se ha formado para tener una mirada crítica y evaluadora de la información, sea quien tenga la última palabra a la hora de publicar.

La comunidad prosumidora de Internet se apropiará de las historias, las recontará, las comentará y agregará información adicional o ángulos quizás pasados por alto. Pero a su vez, tendrán que desarrollarse colectivamente nuevos y más exhaustivos estándares de confianza y verificación informativa.

Todo ello resultará esencial si el periodismo verdaderamente se trata sobre **informar responsablemente a la comunidad y darles valor a sus conciudadanos. Tendrán que surgir nuevas y mejores historias,** aprovechando las nuevas herramientas, pero también se deberá enseñar y aprender a contarlas cada vez mejor, desde cualquier parte, a todo momento, dándoles contexto, con mirada crítica. Y mientras lo hacen, **se tendrá que seguir involucrando al mundo e incentivando su capacidad de consolidar la inteligencia colectiva.**

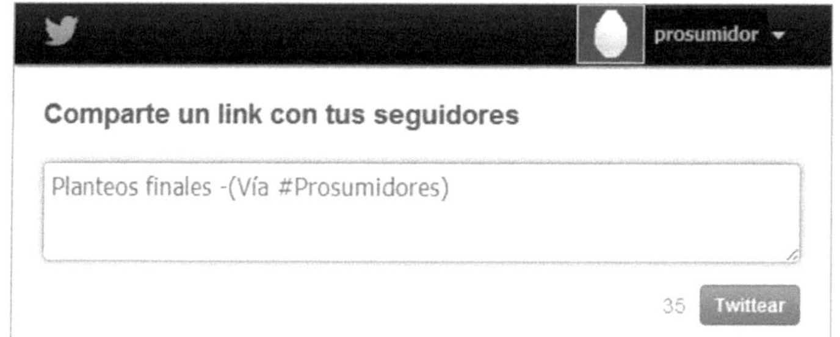
prosumidor
Comparte un link con tus seguidores
Planteos finales -(Vía #Prosumidores)
35
Twittear

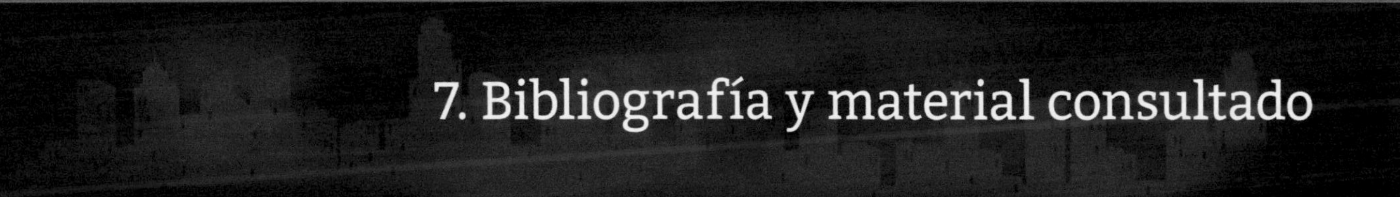

# 7. Bibliografía y material consultado

- **ALONSO y ARÉBALOS.** Prologo *La revolución Horizontal*, el poder de la comunicación en manos de la gente. Buenos Aires, Ediciones B, 2009.
- **BAUDRILLARD, Jean.** *Requiem para los medios.* Consulta: 4 de abril de 2012. Disponible en: http://bit.ly/KGnSmi
- **BOTTUP.** Consulta: 4 de septiembre de 2012. Disponible en www.bottup.com
- **BOWMAN Shayne y WILLIS Chris.** *Nosotros el medio.* Ebook licenciado por Creative Commons. Creative Commons, California USA, 2003.
- **CALATAYUD, Jose Miguel.** "Blanco salva a negro. Kony 2012: matices sobre su visión simplista" en Blogs El país, Internacional Consulta: 17 de julio. Disponible en: http://bit.ly/yRIFdk
- **CYBERNARDO83.** "131 Alumnos de la Ibero responden a EPN" (2012, mayo 14) en Youtube. Consulta: 5 de julio de 2012 http://www.youtube.com/watch?v=cT5E3SqAHKI
- **CYTRYNBLUM, Alicia.** *Periodismo Social. Una nueva disciplina.* Buenos Aires, La Crujía, 2000.
- **EQUIPO de redacción Bottup.** Artículo El derecho a la información requiere una participación colectiva. Consulta: 29 de mayo de 2012. Disponible en: http://bit.ly/LbjRTs
- **ESPÍRITUSANTO Oscar y GONZALO RODRIGUEZ, Paula.** *Periodismo ciudadano. Evolución positiva de la comunicación.* España, Grupo Telefónica, 2011.
- **FIXMEDIA.** Consulta: 6 de mayo de 2012. Disponible en http://fixmedia.org
- **FOPEA.** "Código de ética de FOPEA". Consulta: 29 de agosto de 2012. Disponible en: http://fopea.org/Etica/Codigo_de_Etica
- **FOUCAULT, Michael.** *Microfísica del poder.* Madrid, La Piqueta, 1993.
- **GARCIA CANCLINI, Néstor.** *Consumidores y ciudadanos: Conflictos multiculturales de la globalización.* México. Grijalbo, 1995.
- **GARCIA CANCLINI, Néstor.** "Zonas de indecisión entre lo público y lo privado" en *Cultura y comunicación: entre lo global y lo local.* La Plata, Ediciones de Periodismo y Comunicación, 1997.

- **GUTIERREZ, Bernardo.** Un Manifiesto Postperiodístico en web Clases de Periodismo. Consulta: el 28 de mayo de 2012. Disponible en : http://bit.ly/lucPx4
- **ISLAS CARMONA, José Octavio.** Abstract Artículo "El prosumidor. El comunicador activo de la sociedad de la ubicuidad" en revista *Palabra Clave*. Vol 11 n° 001. Bogotá, 2008.
- **ISLAS, Octavio.** "La sociedad de la ubicuidad, los prosumidores y un modelo de comunicación para comprender la complejidad de las comunicaciones digitales" en *revista digital Razón y Palabra. Consulta: 15 de agosto de 2012*. Disponible en http://bit.ly/vLXTHu
- **KOVACH Bill y ROSENSTIEL Tom.** "Los elementos del periodismo" Madrid, Ed. El País, 2003
- **LETRA COMPARTIDA.** Consulta: 4 de septiembre de 2012. Disponible en www.letracompartida.com
- **LLOBET, Liliana** "¿La función social del periodismo o periodismo social?" en UNIrevista - Vol. 1, n° 3. Córdoba, 2006.
- **MBA ONLINE.** "Un día en Internet" Consulta: 7 de agosto de 2012. Disponible en: http://www.mbaonline.com/a-day-in-the-internet/
- **MCLUHAN, Marshall y BARRINGTON, Nevitt.** Tome Hoy: El Ejecutivo de deserción. Nueva York, Hacourt Brace Jovanovish, 1970.
- **MÉNDEZ, José Carlos.** "SOPA, PIPA y OPEN: Iniciativas Similares" en Blog MATUK. Consulta: 29 de agosto de 2012. Disponible en: http://bit.ly/AtsVO4
- **MENDOZA OPINA.** Consulta: 1 de mayo de 2012. Disponible en www.mendozaopina.com
- **PIRATED PAD.** "Manifiesto del posperiodismo" en *Piratedpad*. Consulta: 4 de julio de 2012. Disponible en: http://piratepad.net/rcrqptawab
- **SANCHEZ, Juan Luis.** "Reporterismo multimedia y periodismo participado". El futuro del periodismo. EVOCA Cuaderno de Comunicación Madrid, Editorial Evoca, 2012.
- **TOFFLER, Alvin.** La Tercera Ola. España, Muy Interesante, biblioteca de Divulgación Científica, 1980.

- **URRESTI, Marcelo.** "Apuntes de Ciberculturas juveniles" en Blog Educación Primaria. Consulta: 6 de julio de 2011. Disponible en: http://bit.ly/NS3WZM
- **VARGAS, Esther.** Claves del #Yosoy132, una protesta contra Televisa y el derecho a la información. Consulta: 1 de junio de 2012. Disponible en: http://bit.ly/K4Hku2
- **WIKILEAKS** en Wikipedia. Consulta: 3 de septiembre de 2012. Disponible en: http://es.wikipedia.org/wiki/WikiLeaks
- **ZIUDAD.** Consulta: 4 de septiembre de 2012. Disponible en www.ziudad.es

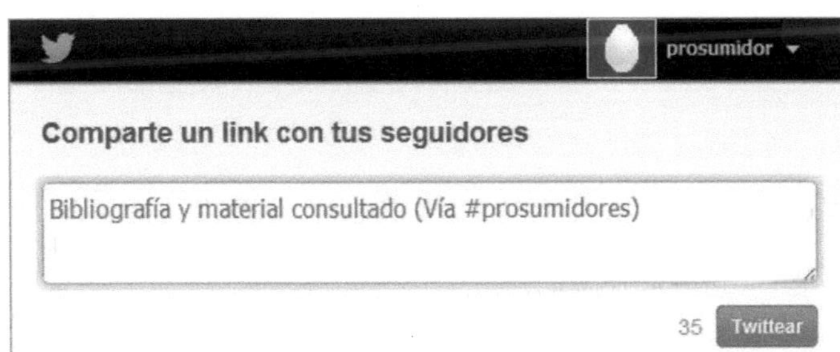
prosumidor
Comparte un link con tus seguidores
Bibliografía y material consultado (Vía #prosumidores)
35
Twittear

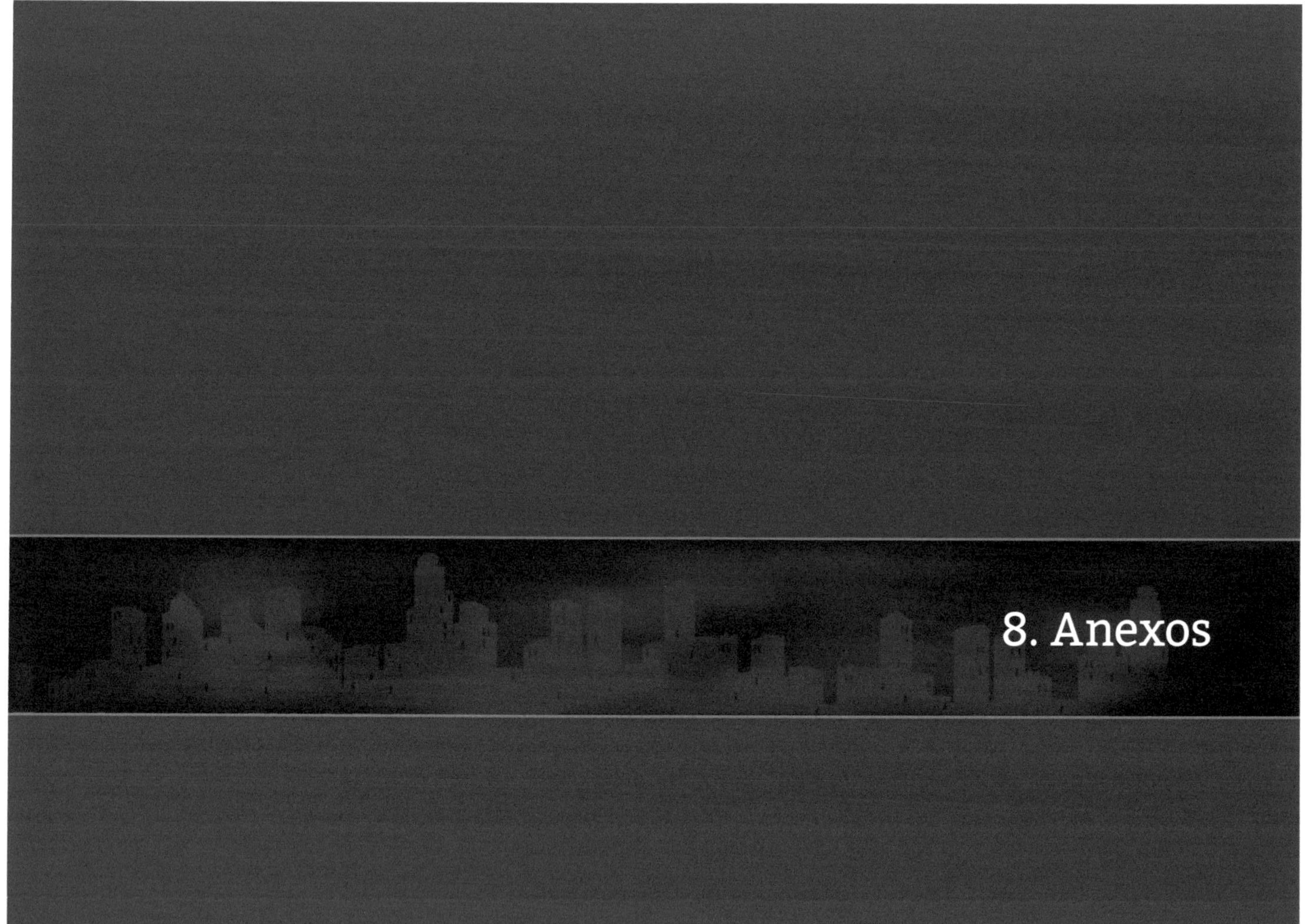

# 8. Anexos

# 8.1. Cuadro cobertura y seguimiento de notas publicadas

Comentá 390 Tweet Me gusta 37 Enviar +1 0 A+ A-

| Nota | Apoyo Valoración | Facebook | Twitter | Comparte | Respuesta Ayuda Solución | Temática Intención | Prosumidor | Tipo de acción prosumidora |
|---|---|---|---|---|---|---|---|---|
| España beta ziudad Zumbidos con fuerza! invita a tus amistades | | | | | | | | |
| Acera en mal estado | 2 apoyos | - | - | - | - | Urbano / Reclamo | Individuo identificable / Multimedia | Hace un reclamo |
| Aceras inadaptadas para personas discapacitadas | 1 apoyo | - | - | - | Obtiene respuesta del gobierno de Palma de Mallorca | Urbano / Reclamo | Individuo identificable / Multimedia | Hace un reclamo |
| Carril para bicicletas ies | 2 apoyos | - | - | - | Obtiene respuesta de vecino que apoya la moción | Urbano / Propuesta | Individuo identificable / Multimedia | Presenta una propuesta |

| Nota | Apoyo Valoración | Facebook | Twitter | Comparte | Respuesta Ayuda Solución | Temática Intención | Prosumidor | Tipo de acción prosumidora |
|---|---|---|---|---|---|---|---|---|
| Pintadas "Pasos de peatones" limitado a zona centro | 15 apoyos | - | - | - | Obtiene solución a través de pedido | Urbano / Reclamo | Individuo identificable / Multimedia | Hace un reclamo |
| Ampliar también horario servicio de la administración pública | 6 apoyos | - | - | - | Obtiene 1 respuesta del Gobierno de Madrid (Ofrecen datos acerca de los horarios de atención existentes) | Urbano / Propuesta | Anónimo / Escritura llana | Presenta una propuesta |
| Actuación urbanística descoordinada | 1 apoyo | - | - | - | - | Urbano / Reclamo | Individuo identificable / Multimedia | Hace un reclamo |
| Financiación municipal vendiendo espacios publicitarios | 7 apoyos / 1 rechazo | - | - | - | Obtiene 2 respuestas de ciudadanos (Debaten la viabilidad de la propuesta) | Urbano / Propuesta | Individuo Identificable / Escritura llana | Presenta una propuesta |
| Organización de la administración pública | 29 apoyos | 2 | - | 2 veces | Obtiene 7 Respuestas de ciudadanos (Debaten la necesidad del cambio) | Economía / Propuesta | Anónimo / Escritura llana | Presenta una propuesta |

| Nota | Apoyo Valoración | Facebook | Twitter | Comparte | Respuesta Ayuda Solución | Temática Intención | Prosumidor | Tipo de acción prosumidora |
|---|---|---|---|---|---|---|---|---|
| Letra Compartida – PERIODISMO ciudadano y social – *Todos hacemos la noticia* | | | | | | | | |
| Asamblea San Carlos y presupuesto participativo | - | 3 | 7 | 10 veces | - | Urbano / Propuesta | Agrupados / Multimedia | Presentan una propuesta |
| Sin Reyes en San Benjamín | - | 6 | 5 | 11 veces | Obtiene 3 comentarios de ciudadanos (Agradecen el reclamos) | Sociedad / Reclamo | Individuo Identificable / Multimedia | Cuenta una historia y reclama |
| Microtren | - | - | 7 | 7 veces | - | Urbano / Propuesta | Individuo Identificable / Multimedia | Presenta un proyecto |
| AIESEC La Plata organiza evento multicultural | - | - | 3 | 3 veces | - | Educación / Invitación | Agrupados / Multimedia | Invitan a evento |
| ¿Te podés mover? | - | 8 | 5 | 15 veces | - | Urbano / Reclamo | Individuo Identificable / Multimedia | Hace un reclamo |
| Pensar en 2011 | - | 7 | 18 | 25 veces | - | Política / Análisis | Individuo Identificable / Multimedia | Hace un análisis |

| Nota | Apoyo Valoración | Facebook | Twitter | Comparte | Respuesta Ayuda Solución | Temática Intención | Prosumidor | Tipo de acción prosumidora |
|---|---|---|---|---|---|---|---|---|
| ¡Griten más fuerte, hasta desaparecer! Otro aniversario Sin López | - | 4 | 29 | 33 veces | Obtiene 3 comentarios de ciudadanos (Critican los datos) | Sociedad / Cobertura | Individuo Identificable / Multimedia | Cubre un evento |
| Recopilación de tapitas para "Niños piel de cristal" | - | 41 | 77 | 77 veces | Obtiene 15 comentarios, todos buscando sumarse a ayudar | Sociedad / Invitación | Individuo Identificable / Multimedia | Invita a colaborar |
| bottup beta tu noticia es la noticia | | | | | | | | |
| Violencia de género | 8 valoraciones | - | - | - | Obtiene 3 comentarios de otros ciudadanos que apoyan el análisis | Sociedad / Análisis | Individuo Identificable / Escritura llana | Realiza un análisis |
| Banco de conocimiento libre | 5 valoraciones | - | - | - | - | Educación / Invitación | Individuo Identificable / Multimedia | Invita a participar |
| Elecciones 2011 | 3 valoraciones | - | - | - | - | Política / Opinión | Individuo Identificable / Multimedia | Expresa una opinión |

| Nota | Apoyo Valoración | Facebook | Twitter | Comparte | Respuesta Ayuda Solución | Temática Intención | Prosumidor | Tipo de acción prosumidora |
|---|---|---|---|---|---|---|---|---|
| Elogio a la sanidad pública | 5 valoraciones | - | - | - | - | Urbano / Reclamo | Individuo Identificable / Multimedia | Hace un reclamo |
| La fórmula secreta de Coca -cola | - | - | - | - | - | Sociedad / Opinión | Individuo Identificable / Multimedia | Da una opinión |
| En mi querida España igualdad ficticia en el sistema educativo | 10 valoraciones | 2 | 5 | 7 veces | - | Educación / Opinión | Individuo Identificable / Multimedia | Da una opinión |
| "Merece la pena estar aquí más de tres horas para que nos den un litro de agua para mi familia" | 3 valoraciones | 1 | - | 1 vez | 2 comentarios de ciudadanos que halagan el contenido de la nota | Sociedad / Cobertura | Individuo Identificable / Multimedia | Hace una cobertura |
| Homenaje a los indignados | 1 valoración | 1 | 4 | 1 vez | - | Política / Homenaje | Individuo Identificable / Multimedia | Hace un homenaje |

| Nota | Apoyo Valoración | Facebook | Twitter | Comparte | Respuesta Ayuda Solución | Temática Intención | Prosumidor | Tipo de acción prosumidora |
|---|---|---|---|---|---|---|---|---|
| UCR – 3 años tarde y fuera de foco | - | - | - | - | 1 | Política / Opinión | Individuo Identificable / Escritura llana | Expresa una opinión |

| Nota | Apoyo Valoración | Facebook | Twitter | Comparte | Respuesta Ayuda Solución | Temática Intención | Prosumidor | Tipo de acción prosumidora |
|---|---|---|---|---|---|---|---|---|
| Jardines maternales de San Martín | - | - | - | - | 1 | Educación / Reclamo | Agrupados / Escritura llana | Hacen un reclamo |
| Iglesias- Cristina, el voto incoherente | - | 6 | - | 6 | 5 comentarios de ciudadanos que opinan | Política / Análisis | Individuo Identificable / Multimedia | Hace un análisis |
| Los colores de la libertad | - | 2 | - | 2 | - | Evento / Cobertura | Individuo Identificable / Multimedia | Realiza una cobertura |
| Parió el Kirchnerismo | - | 1 | - | 1 | 15 comentarios de ciudadanos opinando | Política / Análisis | Individuo Identificable / Multimedia | Hace un análisis |
| Lugar: Luján de Cuyo Calle: Lateral Acceso Sur, Oeste | - | 1 | - | 1 | - | Urbano / Reclamo | Anónimo / Multimedia | Realiza un reclamo |
| Carta de un chico que cobra asignación a uno de clase media | - | - | - | - | 15 comentarios de ciudadanos opinando sobre el contenido | Política / Análisis | Individuo Identificable / Multimedia | Hace un análisis |
| "Todas las voces por Nacional" | - | - | - | - | - | Evento / Invitación | Individuo Identificable / Escritura llana | Realiza una invitación |

# Storify

A modo de anexo de esta tesis, utilizo la herramienta Storify para sumar artículos, videos, tweets, imágenes que han servido de ejes e inspiración para reflexionar sobre el objeto de estudio trabajado.

http://storify.com/ohcarool/prosumidores-serperiodista-en-el-mundo2-0

Recomendás publicamente esto como Prosumidor
Suma un comenetario
Anexos
Your circles
+ Suma más gente
Share

*Cada vez que surge una nueva herramienta tecnológica, las prácticas y los usos de la sociedad se modifican, y con ellas cambian los modos de ver el mundo y las maneras de intervenir en él. Hoy, los seres humanos, habitantes del mundo urbanizado, además de ansiar el amor, la felicidad, el dinero, o el poder, equiparan esos deseos con el de estar* ***comunicados en línea, conectados de manera ubicua: a cada momento, con todos, desde todas partes.***

*Jamás ha habido tanta información disponible como ahora, y en ningún momento de la historia los humanos la han consumido de manera tan simultánea como en la actualidad.*

*En ese marco, en esta tesis fue de interés estudiar a los nuevos actores que,* ***servidos del avance de cada vez más herramientas tecnológicas****, construyen inteligencia colectiva a la hora de* ***producir, emitir y circular*** *específicamente* ***información con valor periodístico.*** *Se analizó la* ***avanzada del periodismo participado en donde los ciudadanos juegan un papel activo*** *en el proceso de colectar, reportar, analizar y diseminar información periodística.*

*Ante ello, se preguntó acerca de* ***qué implicancia tiene este fenómeno comunicacional*** *a la hora de pensar la figura y rol periodismo profesional en la actualidad.*

Printed by Books on Demand GmbH, Norderstedt / Germany